AU SERVICE DES TSARS

La garde impériale russe
de Pierre le Grand à la révolution d'Octobre

Cet ouvrage est publié à l'occasion de l'exposition
« Au service des tsars » présentée au musée de l'Armée,
du 9 octobre 2010 au 23 janvier 2011.

Manifestation organisée dans le cadre
de l'Année France-Russie 2010
www.france-russie2010.fr

ГОД ANNÉE
FRANCE ФРАНЦИЯ
РОССИЯ RUSSIE
2010

MUSÉE DU RÉGIMENT
DES COSAQUES
DE S.M. L'EMPEREUR

Ouvrage réalisé sous la direction de Somogy éditions d'art
Conception graphique : Dominique Grosmangin
Fabrication : Michel Brousset, Béatrice Bourgerie et
Mathias Prudent
Contribution éditoriale : Marie Sanson et
Anne-Claire Juramie
Coordination éditoriale : Tiffanie De Gregorio

ISBN 978-2-7572-0410-8
Dépôt légal : octobre 2010
Imprimé en Italie (Union européenne)

AU SERVICE DES TSARS

La garde impériale russe
de Pierre le Grand à la révolution d'Octobre

SOMOGY
ÉDITIONS
D'ART

REMERCIEMENTS

« Au service des tsars » est une exposition coorganisée par le musée de l'Ermitage, le musée de l'Armée et le musée du régiment des Cosaques de S.M. l'empereur, dans le cadre de l'Année France-Russie 2010.
Que soient ici remerciés les auteurs du présent ouvrage et tous ceux qui n'ont pas ménagé leurs efforts pour que l'exposition et son catalogue voient le jour.

COMITÉ D'ORGANISATION
Musée de l'Ermitage
Mikhaïl B. Piotrovsky, directeur du musée de l'Ermitage, docteur en histoire, membre correspondant de l'Académie des sciences de la Russie, membre de l'Académie des beaux-arts, professeur de l'université d'État de Saint-Pétersbourg
Gueorguy V. Vilinbakhov, directeur-adjoint du musée de l'Ermitage chargé des questions scientifiques, docteur en histoire
Vladimir Û. Matveev, directeur-adjoint du musée de l'Ermitage chargé des expositions et du développement, docteur en histoire de l'art
Viatcheslav A. Fiodorov, chef du département de l'Histoire de la culture russe
Dmitrii V. Lubine, chef du département de l'Arsenal, docteur en histoire de l'art
Musée du régiment des Cosaques de S.M. l'empereur
Gérard Gorokhoff, trésorier de l'Association du régiment, auteur d'ouvrages sur l'histoire militaire russe
Alexandre Bobrikoff, conservateur du musée du régiment
Musée de l'Armée
Général Bresse, directeur du musée de l'Armée
David Guillet, directeur-adjoint du musée de l'Armée
Émilie Robbe, conservateur, département Moderne (1643-1870)
Olivier Renaudeau, conservateur, département des Armes et Armures anciennes

CONCEPTION DE L'EXPOSITION
Conception scientifique
Commissaires : Gueorguy V. Vilinbakhov, Serguéï L. Plotnikov, Émilie Robbe
Groupe de travail, Russie : Ilia D. Ermolaev, Ekaterina Lazarevskaïa, Serguéï L. Plotnikov, Andreï V. Strelnikov, Nina I. Tarassova, Madina G. Zaïtchenko
Groupe de travail, France : Alexandre Bobrikoff, David Guillet, Gérard Gorokhoff, Olivier Renaudeau, Émilie Robbe, Jean-Paul Sage-Fresnay, Oleg Sokolov, Julien Voinot
Secrétariat et organisation
Julien Voinot, Aglaé Achechova
Traduction
Catalogue, correspondance, textes scientifiques / interprétariat : Aglaé Achechova
Correspondance : Frédérique Romain
Scénographie
[MAW] Maffre Architectural Workshop : Philippe Maffre, Marion Rivolier
Graphisme
CL Design : Camille Leroy, Nicolas Journé
Catalogue
Somogy éditions d'art : Tiffanie De Gregorio, Dominique Grosmangin, Florence Jakubowicz, Anne-Claire Juramie, Céline Moulard, Marie Sanson

Conservation-restauration des objets
L'équipe des restaurateurs du musée de l'Ermitage, sous la direction de Tatiana A. Baranova
L'Atelier de restauration des textiles du musée de l'Armée, sous la direction de Sylvie Leluc
L'Atelier de restauration des métaux du musée de l'Armée, sous la direction d'Olivier Renaudeau
Transport, manutention, emballage
Khepri Ltd, Saint-Pétersbourg
LP Art, Paris

PHOTOGRAPHIES
Photographes
Ûrii Molodkovets, Alexandre Kochkarov, Vladimir Terebenine, Leonard Kheifets
Émilie Cambier, Tony Querrec, Pascal Segrette, Jean-Louis Viau
Préparation des images pour la publication
Musée de l'Ermitage : Anastassia A. Mikliaïeva, Tatiana I. Kireeva
Musée de l'Armée / Réunion des musées nationaux : Agathe Formery

CONSEILS SCIENTIFIQUES ET TECHNIQUES, SOUTIEN
Ambassade de France en Russie
Blanche Grinbaum-Salgas, attachée culturelle de l'ambassade de France en Russie

CulturesFrance
Jean Guéguignou, président de CulturesFrance
Nicole Lamarque, directrice du département Administratif et Financier
Anne-Florence Duliscouët, responsable-adjointe du département Communication et Partenariat
Maxime Vaudran, département Communication et Partenariat
Marie-Claude Vaysse, chargée de mission Expositions patrimoniales
Marie Boisselet-Castellan, chargée de mission dans le cadre de l'Année France-Russie 2010

Commissariat général de l'Année France-Russie 2010
Nicolas Chibaeff, commissaire général
Nicolas Ruyssen, chargé de mission dans le cadre de l'Année France-Russie 2010

Musée royal de l'Armée et d'Histoire militaire de Bruxelles
Dominique Hanson, directeur général
Johnny Van Wymeersch, coordinateur des Prêts temporaires
Guy Deploige, adjoint scientifique chargé des décorations

Musée de l'Armée
Département des Deux Guerres mondiales : Lcl Bertrand, conservateur, et ses assistants : Jordan Gaspin, Emmanuel Ranvoisy
Département des Peintures, Sculptures, Arts graphiques et de la Photographie : Sylvie Le Ray-Burimi, conservateur, et ses assistants : Anthony Petiteau, Hélène Reuzé
Groupe Experts : Jean-Marie Haussadis
Régie des collections : Sandrine Beaujard, Yasmine Benamara, Mathieu Cénac
Bibliothèque : Michèle Pierron-Mézenge
Direction de la Recherche historique et de l'action pédagogique : François Lagrange
Service Communication : Céline Gautier, Fanny de Jubécourt
Service Achats : Frédéric Varga
Direction Sécurité et Logistique : Jean-Jacques Monté, Jacky Feind, et l'ensemble des agents du service
Et nos stagiaires : Jennifer Alizert, Alexandre Gallo

Ainsi que Mme Olga de Narp, secrétaire générale de l'Association des Amis du Patrimoine russe en France

AUTEURS DES ESSAIS

Musée de l'Ermitage

Gueorguy V. Vilinbakhov, directeur-adjoint du musée de l'Ermitage, conservateur des emblèmes, département de l'Arsenal

Sergueï L. Plotnikov, chef du Secteur d'héraldique militaire, conservateur des œuvres graphiques militaires, département de l'Arsenal

Andreï V. Strelnikov, conservateur du costume militaire, département d'Histoire de la culture russe

Association et musée du régiment des Cosaques de S.M. l'empereur

Alexandre Bobrikoff, conservateur du musée

Gérard Gorokhoff, trésorier de l'Association, auteur d'ouvrages sur l'histoire militaire russe

Musée de l'Armée

Émilie Robbe, conservateur, département Moderne (1643-1870)

AUTEURS DES NOTICES

Musée de l'Ermitage

DÉPARTEMENT D'HISTOIRE DE LA CULTURE RUSSE

A.A.S.   Alexandre A. Soline, conservateur de l'argenterie
A.P.   Avgousta G. Pobedinskaïa, conservateur des peintures
A.V.S.   Andreï V. Strelnikov, conservateur du costume militaire
N.T.   Nina I. Tarassova, conservateur des costumes
T.T.K.   Tamara T. Korchounova, conservateur des costumes
T.V.K.   Tamara V. Koudriavtserva, ancien conservateur de la porcelaine
Û.P.   Ûlia V. Plotnikova, conservateur des tissus
Û.G.   Ûrii Û. Goudymenko, conservateur de la peinture russe
V.L.   Viktor O. Looga, conservateur des estampes russes

DÉPARTEMENT D'HISTOIRE DE L'ART DE L'EUROPE OCCIDENTALE

B.A.   Boris A. Asvarichtch, conservateur de la peinture allemande
E.R.   Elisaveta P. Renné, conservateur de la peinture anglaise

DÉPARTEMENT DE L'ARSENAL

G.V.   Gueorguy V. Vilinbakhov, directeur-adjoint du musée de l'Ermitage, conservateur des emblèmes
M.Z.   Madina G. Zaïtchenko, conservateur des armes
S.P.   Sergueï L. Plotnikov, chef du Secteur d'héraldique militaire, conservateur des œuvres graphiques militaires

Association et musée du régiment des Cosaques de S.M. l'empereur

G.G.   Gérard Gorokhoff, trésorier de l'Association, auteur d'ouvrages sur l'histoire militaire russe

Musée de l'Armée

J.G.   Jordan Gaspin, assistant du conservateur, département des Deux Guerres mondiales
Ém.R.   Émilie Robbe, conservateur, département Moderne (1643-1870)

ABRÉVIATIONS

RSAMA   Revue de la Société des Amis du Musée de l'Armée
LG   Leib-Gvardia (désigne les régiments de la Garde)
op. cit. ouvrage cité
cf.   se reporter à
n.   note
inv.   numéro d'inventaire
sept.   septembre
cat.   catalogue
ill.   illustration
n°   numéro
p.   page

SOMMAIRE

AVANT-PROPOS

L'Année France-Russie 2010 est l'occasion pour le musée de l'Armée de mettre à l'honneur la grande tradition militaire russe. Alliées ou opposées, les armées de nos deux pays se sont en effet côtoyées et confrontées partout en Europe durant trois siècles, lesquels correspondent pour une large part à l'histoire de la garde impériale qui se déploiera dans le cadre majestueux d'un des anciens réfectoires de l'hôtel national des Invalides.

Cette exposition nous est chère à plus d'un égard. Elle marque une nouvelle étape dans l'histoire des relations entre le musée de l'Armée et le musée de l'Ermitage, qui n'en sont pas à leur premier projet commun. Elle fait, en outre, suite et écho à la récente réouverture des salles dites « modernes », consacrées à l'histoire militaire du début du règne de Louis XIV à la fin de celui de Napoléon III. Pendant presque quatre mois, nos visiteurs, tant français qu'étrangers – et parmi ces derniers, beaucoup nous viennent de Russie –, pourront ainsi, à loisir, passer du Roi-Soleil à Pierre le Grand, de Napoléon Ier à son contemporain l'empereur Alexandre Ier. Et croiser les regards sur quelques-uns des événements majeurs communs à nos deux histoires.

Comme le montrent les pièces prestigieuses dont nos collègues de Saint-Pétersbourg ont accepté de se dessaisir pour les présenter au public parisien, la Garde fut assurément une unité d'élite hors du commun, mais aussi un acteur essentiel de la vie politique et sociale de son temps, l'image et l'incarnation de la monarchie impériale, le reflet de son prestige et de ses crises, le cadre et même le sujet de certaines des grandes œuvres littéraires de la Russie du XIXe siècle.

Cette histoire est aussi – indirectement – celle de la France. Bien des membres de la Garde, quittant la Russie après la révolution d'Octobre, vinrent s'installer en France, principalement à Paris. Au sein de la communauté des émigrés russes, les anciens officiers marquèrent la vie mondaine et culturelle de la capitale dans l'entre-deux-guerres d'une empreinte brillante dont le souvenir s'est perpétué. Ils eurent aussi à cœur de conserver la mémoire de leur passé glorieux et de la faire partager à leur pays d'adoption, notamment en donnant ou en déposant au musée de l'Armée des pièces qui permettent aujourd'hui encore d'y évoquer l'histoire militaire de la Russie impériale. Cette exposition est l'occasion de leur exprimer toute notre gratitude en présentant une sélection de ces objets aux côtés de ceux qui sont issus du musée de l'Ermitage.

À l'initiative commune de nos deux musées a bien voulu s'associer le musée du régiment des Cosaques de S.M. l'empereur dont l'exceptionnelle collection, répartie entre son siège de Courbevoie et le musée royal de l'Armée et d'Histoire militaire de Bruxelles, n'est pas assez connue du grand public. C'est une grande joie pour le musée de l'Armée de pouvoir, grâce à la générosité de ces deux institutions, présenter côte à côte les prêts venus de Saint-Pétersbourg et un choix des objets qui ont quitté la Russie voici un peu moins d'un siècle mais ont été soigneusement conservés, comme dans l'attente de ces retrouvailles.

Il ne me reste plus qu'à souhaiter aux heureux visiteurs de cette exposition de ressentir, outre le plaisir de la découverte, un peu de l'émotion partagée, depuis de longs mois, par tous ceux qui ont œuvré à la préparation de cet événement.

GÉNÉRAL BRESSE
Directeur du musée de l'Armée

LES TROMPETTES D'ARGENT DE LA GLOIRE

La Garde est la gloire de notre armée, son élite, un exemple à suivre. C'est à travers elle que se lit le mieux l'histoire de l'armée et du pays. Néanmoins, il convient aussi de la présenter comme une des composantes de la culture, dans ce cas précis, de la culture russe. Plusieurs politiciens, hommes de lettres ou artistes ont été officiers de la Garde. Le développement de certaines branches des arts décoratifs est lié aux besoins et aux goûts de la Garde. La culture militaire dans ses différents aspects fait de droit partie du patrimoine national. Ce fut le cas en Russie comme en France.

La garde russe est née d'une défaite terrible : alors que les Suédois écrasaient l'armée de Pierre le Grand près de la ville de Narva, deux régiments de la Garde continrent les assauts de l'ennemi, baignant – littéralement – dans le sang jusqu'aux genoux. En mémoire, ils reçurent des bas réglementaires de couleur rouge.

Depuis ce jour, la Garde forma l'élite de l'armée et de la société instruite. Son histoire épousa les divers courants de la vie politique autant que les évolutions de la culture. La Garde a connu aussi les changements et les difficultés inhérents à la société russe. La guerre de 1812 contre Napoléon est riche en grandioses exemples de courage des deux côtés, or c'est précisément lors des guerres napoléoniennes que la garde impériale russe a commencé à prendre exemple sur la garde impériale française, son irréconciliable ennemi. Le sens de l'honneur de la Garde intègre une dimension qui dépasse le cadre national.

Le musée de l'Ermitage possède une collection considérable d'objets liés au patrimoine militaire russe, dont des pièces liées à la garde impériale. En l'an 2000, à l'occasion du tricentenaire de la garde impériale, a été organisée une grande exposition qui devint ensuite le noyau du musée de la Garde. Ce n'est pas non plus la première fois que le musée de l'Ermitage expose à Paris des objets liés à la culture militaire russe, puisqu'en 2003 déjà, le musée de l'Armée, fidèle partenaire du musée de l'Ermitage, a accueilli l'exposition « Paris – Saint-Pétersbourg, 1800-1830 : quand la Russie parlait français ».

La présente manifestation offre plusieurs particularités nouvelles. Parmi elles, la participation du musée du régiment des Cosaques de S.M. l'empereur. Car les membres de la garde impériale russe, en quittant leur patrie pour combattre la Révolution, n'ont pas emporté avec eux de l'argent ni des bijoux, mais les emblèmes et reliques de leur régiment, témoins de leur histoire. Les cosaques de la Garde ont conservé cette mémoire dans un émouvant musée près de Paris et nous nous réjouissons d'entretenir avec cette institution des relations amicales qui se traduisent notamment par la présence dans l'exposition de ses collections aux côtés des nôtres et de celles du musée de l'Armée. Réjouissons-nous aussi du soutien que l'État russe lui apporte désormais. Le musée de l'Ermitage apprécie l'amitié et la collaboration de nombreuses collections de *militaria* russes dans le monde entier.

L'exposition créée à Paris est riche en étonnantes histoires, comme en objets extraordinaires. L'art y côtoie la grandeur et la gloire militaires. L'un de ses attraits importants est le rarissime ensemble des trompettes d'argent du régiment des Cosaques de S.M. l'empereur reçu en récompense pour les exploits héroïques de ses soldats et de ses officiers. En effet, si l'attribution de trompettes d'argent est une distinction traditionnelle, un seul ensemble est resté complet. Exposé dans son intégralité au musée royal de l'Armée et d'Histoire militaire de Bruxelles, il rejoint aujourd'hui, à travers ses plus significatifs représentants, les prestigieux souvenirs de la garde impériale conservés à Saint-Pétersbourg, à Paris et à Courbevoie. L'exposition déploie donc un ensemble rarement vu d'objets de la vie militaire qui constituent des témoins majeurs de l'histoire nationale et mondiale. Notre histoire commune.

M. B. Piotrovsky
Directeur du musée de l'Ermitage

« Pour la foi, le tsar et la patrie ! »
Quelques notes sur l'histoire de la garde impériale russe, 1700-1917

A.V. STRELNIKOV
Musée de l'Ermitage

L'Empire russe, dont la création a duré des siècles, était, en premier lieu, un État militaire. En son sein, les militaires ont formé une élite, un état social à part, ayant une position légèrement au-dessus des autres couches de la société. Le service du tsar et de la patrie, ainsi que la défense de la foi orthodoxe ont représenté les valeurs morales fondamentales de l'officier et du soldat russes. Par tradition, tous les empereurs et impératrices de Russie, les membres de la famille impériale, ont porté des grades militaires et ont commandé plusieurs régiments de la garde impériale et de la ligne. La garde impériale était la composante la plus privilégiée de l'énorme organisme que fut l'armée russe.

Le service dans la garde impériale était une prérogative honorifique ; il offrait, selon la conjoncture, des possibilités d'avancement de la carrière, mais exigeait avant tout de l'officier le respect du code d'honneur tacite du corps. Sur les champs de bataille et à la cour impériale les membres de la Garde ont toujours joué des rôles clés, ayant été partie intégrante de l'identité du corps militaire et de la Cour.

VALEUR MILITAIRE ET REPRÉSENTATION :
LA GARDE DE PIERRE Ier

Durant son enfance, le tsarévitch Pierre Alexeevitch, futur tsar Pierre Ier, est passionné par les « amusements », des jeux avec des enfants de son âge, principalement de caractère militaire. À partir de 1683, les « amusements » du tsar deviennent un événement annuel. À l'origine, ils n'avaient pas de caractère systématique et témoignaient plutôt de la passion du jeune tsarévitch pour les affaires militaires. En 1692 déjà, à partir des « hommes de grades différents tenant rang parmi les amuseurs », est formé le 3e régiment des Élus, d'où sont issus les deux plus vieux régiments : Preobrajensky et Semenovsky. En 1700, le

♦ « Entrée solennelle des souverains alliés à Paris, le 31 mars 1814 », *in An Illustrated Record of Important Events in the Annals of Europe...*, Londres : R. Bowyer, 1815, p. 142. Paris, musée de l'Armée, inv. 27250 BIB.

tsar Pierre Alexeevitch octroie à ces deux régiments le titre de garde impériale (*Leib-gvardia*), validant ainsi leur statut particulier par rapport aux autres unités de l'armée russe.

Les aspirations de Pierre Ier, qui veut obtenir pour la Russie un débouché sur la mer Baltique, ont amené le pays à affronter une des plus puissantes armées de l'époque, celle de la Suède de Charles XII. Le 19 août 1700[1], la guerre est déclarée et le 19 novembre[2], la première bataille importante de la Grande Guerre du Nord se déroule près de la ville de Narva. Là, les membres de la toute nouvelle garde impériale sont amenés à justifier la confiance de leur tsar. Le noyau de l'armée russe est alors formé de la cavalerie du ban et des régiments d'infanterie qui fuient aux premiers coups des Suédois. Sur les régiments de la Garde repose la lourde tâche de couvrir la retraite de l'armée russe et de repousser les charges suédoises contre leurs positions. Le jour de la bataille, aucun des officiers supérieurs n'étant présent dans les régiments, le combat est dirigé par les officiers subalternes. En mémoire de leurs mérites militaires à Narva, Pierre Ier octroie aux officiers subalternes de ces régiments des hausse-cols semblables à ceux des officiers supérieurs suédois, soulignant ainsi leur rôle dans la bataille.

Tout au long de leur histoire, les membres de la garde impériale ont confirmé à plusieurs reprises leur haute valeur sur les champs de bataille. En 1702, les deux régiments participent à la prise de la forteresse de Notebourg, située sur l'embouchure de la Neva. Plus tard, en 1703, ils combattent près de la forteresse de Nienchantz[3], sur les berges de la Neva. Le 7 mai[4], la Garde russe sous le commandement personnel de Pierre Ier et de son plus proche compagnon d'armes, Alexandre Danilovitch Menchikov, prend à l'abordage deux navires militaires suédois, le canot *Guedan* et le senau *Astrild* ; le 16 mai 1703[5], sur l'île d'Enisaari dans l'embouchure de la Neva, est fondée la nouvelle forteresse de Saint-Pétersbourg, dont les premiers bastions ont été construits avec le concours des soldats·des régiments de la Garde.

Pendant la guerre du Nord (1700-1721), les régiments de la garde impériale combattent dans toutes les grandes batailles contre l'armée suédoise, mais participent également à la campagne manquée du Prouth contre les Turcs en 1711. Après la fin de la guerre contre la Suède, en 1722, trois bataillons des régiments Preobrajensky et Semenovsky prennent part avec l'armée russe à la guerre contre la Perse, qui se termine par le rattachement à l'Empire des terres situées sur la rive occidentale de la mer Caspienne.

En 1724, en vue du couronnement de son épouse, future Catherine Ire, Pierre Ier constitue le détachement des chevaliers-gardes, composé de soixante officiers appelés parfois à la manière suédoise les *drabanty* (les trabans). Pierre Ier reçoit le grade de capitaine de la compagnie. Cette unité provisoire est recréée plusieurs fois ensuite, à l'occasion des couronnements exclusivement. Sous le règne de Catherine II, les chevaliers-gardes veillent sur la résidence impériale de façon permanente. En janvier 1799 est créé le corps militaire des chevaliers-gardes, transformé en régiment en 1800.

La Garde créée par Pierre Ier était apte au combat, avait un fort moral et soutenait le tsar dans toutes ses entreprises. C'est précisément pendant le règne de Pierre Alexeevitch que la Garde a obtenu une place particulière non seulement dans l'armée, mais aussi dans l'État et au sein de la cour impériale. Les régiments de la garde impériale jouent un rôle très important dans les réformes militaires de Pierre Ier. Tous les nobles qui souhaitaient obtenir un grade militaire dans les régiments de ligne se sont vus obligés de servir dans la garde impériale en débutant comme simple soldat.

COMBATS ET COMPLOTS : LA GARDE AU XVIIIe SIÈCLE

Au cours du XVIIIe siècle, cette tradition s'est conservée et plusieurs nobles ont sué sang et eau dans les troupes de la Garde de longues années. À partir de 1722, tous les membres de la Garde obtiennent un grade qui équivaut au grade supérieur dans le reste de l'armée. Souvent, on attribue à des sergents ou à des officiers de la Garde des tâches de responsabilité ; par exemple, la participation au recensement de la population imposable ou le rapatriement en Russie d'un conspirateur haut placé, comme l'héritier du trône Alexeï Petrovitch, fils de Pierre Ier. Après la mort de ce dernier, lors de l'avènement au trône de son épouse, Catherine Ire, la Garde constitue une corporation aristocratique soudée, qui joue ensuite un rôle d'envergure non seulement sur les champs de bataille, mais aussi dans le développement social et politique de l'État russe.

La période comprise entre 1725 et 1801 est souvent appelée « l'époque des complots de Palais ». En règle générale, la Garde joue le rôle principal dans l'avènement d'un candidat au trône et tous les prétendants à l'Empire ont cherché à obtenir la bienveillance des soldats et des officiers de la Garde. Ce n'est pas un hasard si, deux jours avant la mort de Pierre Ier, Catherine Ire, impératrice encore non couronnée, ordonne de payer l'année de solde en retard due aux régiments Preobrajensky et Semenovsky. Les impératrices Anna Ioannovna et Élisabeth Petrovna ainsi que l'empereur Alexandre Ier (dont le père, Paul Ier, est mort, victime d'un complot des officiers de la Garde) ont occupé le trône avec l'aide de leurs soldats d'élite.

Montée sur le trône en 1730 à l'invitation du Conseil secret supérieur composé des représentants de la haute noblesse, l'impératrice Anna Ioannovna, fille du frère aîné de Pierre Ier, le tsar Ivan Alexeevitch, a parfaitement compris qu'elle ne conserverait son pouvoir que grâce au soutien de la Garde, laquelle s'est tournée contre le Conseil. Elle a également vu qu'elle devait créer sa propre garde, sous son contrôle exclusif. À cette fin, le 22 novembre 1730[6], est créé le troisième régiment d'infanterie de la Garde, Izmaïlovsky, et le 31 décembre[7] de la même année, le régiment de la Garde à cheval.

L'impératrice Élisabeth Petrovna, qui prend le pouvoir le 25 novembre 1741[8], avec l'aide directe des grenadiers du régiment Preobrajensky, récompense royalement la Garde. La compagnie des grenadiers reçoit le titre de *Leib-compagnie*, et son commandant est l'impératrice en personne. Tous les membres roturiers de cette unité sont anoblis. De plus, la *Leib-compagnie* reçoit un nouvel uniforme d'une élégance particulière. Il faut souligner que cette élévation subite au-dessus des autres membres de la garde impériale, ainsi que la bienveillance particulière de l'impératrice, n'ont pas favorisé la discipline de cette unité. Le trouble de l'ordre public et le non-respect de la discipline militaire ont été un des traits caractéristiques du comportement de la *Leib-compagnie*. Après le décès d'Élisabeth Petrovna en 1761, cette unité, qui ne s'est pas distinguée dans la sphère militaire, est dissoute par l'empereur Pierre III en mars 1762. Mais le règne de ce dernier est bref. Le 28 juin 1762[9], il est destitué par son épouse, la grande-duchesse Ekaterina Alexeevna qui, après la révolte, prend le nom de Catherine II.

Une intéressante description de ce coup d'État nous a été laissée par un de ses acteurs, le poète Gavriil Romanovitch Derjavine[10]. À cette époque, il sert en tant que simple soldat dans le régiment Preobrajensky et participe personnellement aux événements :

> Le matin, à huit heures à peu près, on vit un cavalier de la Garde à cheval, lequel cria que l'on devait aller chez notre bonne mère[11] au palais d'Hiver de Pierre [...]. La compagnie courut immédiatement au rapport. Dans le cantonnement du régiment Izmaïlovsky nous entendîmes le tambour battant et l'alerte, dans la ville le remue-ménage commença. [...] Ainsi, la 3e compagnie et les autres coururent successivement vers le palais d'Hiver par des ponts différents. Sur place, nous trouvâmes les régiments Semenovsky et Izmaïlovsky qui étaient déjà arrivés, qui entourèrent le palais et bloquèrent toutes les sorties. [...] Derjavine[12] étant jeune homme, fut fort étonné par tout cela, et il suivit tout doucement les traces de son régiment. Étant venu au Palais, il trouva sa compagnie et il prit sa place selon son rang. Immédiatement, il vit le métropolite de Novgorod, doyen du Saint-Synode, Gabriel, avec une sainte croix dans la main, lequel la porta aux lèvres de chaque soldat pour qu'il l'embrasse. Tel fut le serment de fidélité à l'impératrice. Cette dernière était déjà arrivée au palais, accompagnée par le régiment Izmaïlovsky de la garde impériale. Le jour était très beau et, après être restés dans ce palais jusqu'à trois ou quatre heures de l'après-midi, nous fûmes emmenés devant le susdit palais de bois et nous nous réunîmes le long de la rivière Moïka, à partir du pont. À ce moment, devant le palais arrivèrent aussi les autres régiments de la ligne et, après que leurs colonels eurent prêté serment, ils se joignirent, en ordre, aux régiments de la Garde, en prenant position dans les rues Morskaïa[13] et dans les autres, jusqu'à la Kolomna[14]. Étant restés sur place jusqu'à huit, neuf ou dix heures, nous nous mîmes en campagne, sur la route de Peterhof, en ordre de marche ordinaire de parade, section par section, le tambour battant. L'impératrice commandait en personne, vêtue de l'uniforme du régiment Preobrajensky de la Garde, montée sur un cheval blanc, l'épée dégainée dans sa dextre. La duchesse Dachkova était aussi dans l'uniforme de la Garde. Ainsi, nous marchâmes toute la nuit[15].

Au XVIIIe siècle, soldats et officiers de la garde impériale ne prennent pas part qu'aux coups d'État. Un petit détachement de soldats et d'officiers du régiment Preobrajensky participe à la guerre de Succession de Pologne et au siège de Dantzig en 1733-1734. En 1735, sur ordre de l'impératrice Anna Ioannovna, un autre petit détachement d'officiers volontaires de la garde impériale est envoyé en mission en Pologne, mais il ne participe pas aux affrontements, la trêve étant conclue la même année.

La politique extérieure active au sud de la Russie, le choc des intérêts de la Russie et de la Turquie ont conduit ces pays à une série de conflits. En 1737, un détachement de marche est envoyé auprès de l'armée du feld-maréchal Buckhard Christoph von Münnich[16], campée sous les murs de la forteresse turque d'Otchakov ; il comprend trois bataillons d'infanterie, provenant chacun d'un des régiments de la Garde, et un détachement de cavalerie issu du régiment des gardes à cheval. Le 2 juillet 1737[17], les Russes entrent dans la forteresse vaincue d'Otchakov. Après la débâcle de l'armée turque lors de la bataille de Stavroutchany en 1739, à laquelle participe également un détachement de la Garde, le traité de Nyssa est conclu.

Durant la guerre russo-suédoise de 1741-1743 est formée une unité de la Garde sous le commandement de Tchernensov, officier du régiment Izmaïlovsky. Il prend part à la campagne de Finlande et à la capture de l'armée du général Lewenhaupt à Helsingfors (Helsinki), en 1742.

Au cours de la guerre russo-turque de 1769-1774, l'armée en campagne est renforcée par un détachement de marche de la Garde, commandé par A. Viriguine, capitaine du régiment Preobrajensky. Cette unité contribue à l'expédition des frères Orlov[18], participe également à l'assaut de la forteresse turque de Metelino en 1771 et débarque près de la forteresse de Tchesmé en 1772. Quelques officiers des régiments de la garde impériale envoyés en mission auprès de l'armée en campagne prennent part à la guerre russo-turque de 1787-1791.

Aspirant à prendre sa revanche sur les défaites des guerres précédentes et voulant profiter du fait que les forces principales de l'armée russe sont concentrées pour la guerre contre la Turquie, le roi de Suède Gustave III Adolphe franchit la frontière russo-finlandaise à la tête d'une armée de 38 000 hommes. Ainsi, débute la guerre russo-suédoise de 1788-1790. Un détachement composé de trois bataillons des régiments d'infanterie de la Garde et de trois escadrons du régiment des gardes à cheval participe à la campagne contre la Suède. N. A. Tatichschev, officier du régiment Preobrajensky, est chargé de son commandement. En 1789, un détachement de marche de la garde impériale est de nouveau engagé contre les Suédois. Comptant trois bataillons venus des régiments d'infanterie et l'artillerie du régiment Izmaïlovsky, il est dirigé par I. I. Arbenev, premier major de ce dernier régiment. La même année 1789, est créée au sein de la Garde une nouvelle unité, destinée à participer aux batailles navales et rattachée à la flotte des galères. Cette flottille de la Garde est commandée par le vice-amiral Karl Heinrich von Nassau-Siegen. Le 13 août 1789[19], elle prend part à la bataille de Svenskund, qui s'achève par la défaite des Suédois. Plusieurs officiers de la Garde reçoivent à la suite de cette victoire des épées d'or dites « pour la bravoure » et des décorations. Des médailles avec l'inscription *Pour la bravoure dans les eaux de Finlande* sont remises à tous les membres de la troupe.

En 1790, le nouveau détachement prend part à la confrontation manquée contre les Suédois près de Pardakoski et à la bataille de Savitaïpale, qui se termine par une défaite suédoise. La même année voit le détachement de la Garde sous le commandement du prince K. H. von Nassau-Siegen combattre lors des batailles navales au large de Vyborg et de Svenskund.

RÉFORMES ET RÉSISTANCES : LE RÈGNE DE PAUL Ier

Après la mort de l'impératrice Catherine II, son fils le grand-duc Pavel Petrovitch, âgé de quarante-deux ans, monte sur le trône sous le nom de Paul Ier. Le nouveau monarque est un passionné acharné du système militaire prussien, et un admirateur du roi Frédéric II. L'une de ses premières mesures est le changement des uniformes de la garde impériale et de l'armée. Une célébrité de la première moitié du XIXe siècle, Faddeï Boulgarine[20], qui fait à l'époque ses études dans le corps des cadets nobles de l'infanterie[21], se souvient plus tard :

> Le Souverain habilla ses troupes à la manière de l'armée de Frédéric le Grand : habits longs de couleur verte, avec des revers, ouverts sur la poitrine, culotte et veste jaune ou blanc, les guêtres au-dessus des genoux en drap noir pour l'hiver et en toile blanche pour l'été. Les mousquetaires eurent des chapeaux, les grenadiers portèrent des mitres (comme aujourd'hui, le régiment Pavlovsky de la Garde). Les officiers et les soldats durent se poudrer les cheveux, porter des catogans longs et des marteaux (auparavant, seuls les officiers étaient poudrés, en portant catogans, bourses et marteaux). Dans les rangs, les officiers et les sous-officiers furent armés d'espontons (espèce de hallebarde). Les régiments, excepté ceux de la Garde, portèrent les noms de leurs chefs. Les cuirassiers et les dragons eurent des habits (*kurtka*) : les premiers, blancs et les seconds, verts, la culotte de chamois et le chapeau à plumet blanc. Les cuirasses disparurent. Les hussards se vêtirent à la hongroise : ceux de la Garde eurent des kolbacks de fourrure, ceux de la ligne portèrent des shakos à flamme, ils eurent de longues tresses et les boucles sur les tempes jusqu'aux épaules. [...] L'uniforme prussien de l'époque de Frédéric le Grand ne plaisait pas du tout après les uniformes commodes et confortables, composés pour les troupes par le prince [Grégoire] Potemkine-Tavritchesky, car voilà maintenant, dans ces nouveaux habits tout a été exagéré, comme pour oublier au plus vite le passé[22].

Outre ces changements extérieurs, fort impopulaires parmi les officiers, Paul Ier fait des réformes internes dans la Garde. En 1797, il ordonne à tous les nobles inscrits dans les effectifs de ses régiments de se présenter dans leurs unités. Les désobéissants sont immédiatement congédiés du service. L'objectif de cette ordonnance est d'éliminer en un coup ceux que l'on appelle les «béjaunes de la Garde», enfants de la noblesse inscrits au régiment dès leur naissance et envoyés en congés sans délais jusqu'à leur majorité. Les parents s'efforçaient ainsi de rendre plus facile l'avancement de leurs enfants, puisque, au moment de la reprise de leur service effectif, leur ancienneté était prise en compte. Cette pratique, largement répandue lors du règne de l'impératrice Élisabeth Petrovna, s'était encore renforcée sous Catherine II.

La cour de son fils, le grand-duc Pavel Petrovitch, se trouvait dans les environs de Saint-Pétersbourg, à Gatchina. C'est là qu'il a créé ses troupes d'«amuseurs», surnommées «de Gatchina» (*Gatchinsky*). Comme à l'époque de Pierre Ier, elles se sont trouvées à l'origine de nouvelles unités de la Garde. En 1796, sont créés les bataillons de chasseurs (*Jägersky*) et d'artillerie et les nouveaux régiments de cavalerie, hussards et cosaques. En 1800, le nouveau régiment de chevaliers-gardes rejoint celui des cuirassiers. En 1799, est formé le bataillon de garnison de la Garde.

Pendant le règne de Paul Ier, les unités de la Garde ne participent pas aux conflits, à l'exception de deux détachements de hussards et de cosaques, qui se battent contre les Français aux Pays-Bas en 1799. En temps de paix, l'occupation principale de la Garde est le service dans les résidences impériales. Le matin, dans les régiments, on procède au regroupement des sentinelles de service, qui se dirigent, l'été, vers la place du Palais ou le pré de la Tsarine[23] et, l'hiver, vers la salle d'exercices (*Exercirhaus*), où l'empereur en personne passe en revue ses gardes. La nuit du 11 mars 1801[24], l'empereur Paul Ier est tué par un groupe de conspirateurs, dont le noyau est formé d'officiers de la Garde. Selon une des versions, l'empereur aurait été étranglé au moyen de l'écharpe de Ia. F. Skariatine, officier au régiment Izmaïlovsky. À la suite de ce coup d'État, Alexandre Pavlovitch, fils de l'empereur assassiné, monte sur le trône et devient l'empereur Alexandre Ier. Commence une nouvelle époque dans l'histoire de la garde impériale, dont les guerres napoléoniennes de 1805-1814 constituent l'épisode principal.

L'HONNEUR DANS L'ADVERSITÉ : LA GARDE D'ALEXANDRE Ier

À son accession au trône, Alexandre Ier, selon l'anecdote, aurait déclaré que sous son règne, «tout serait comme sous celui de sa grand-mère», annonçant ainsi le retour aux règles du temps de Catherine II. «Les débuts sublimes des jours d'Alexandre[25]» ont été marqués, avant tout, par le changement des uniformes. La nouveauté essentielle a été l'adoption des fracs ou, comme on les appelait, «des habits à la française». En même temps, sont modifiés tous les détails des munitions et de l'uniforme, la coupe de cheveux incluse. Le célèbre mémorialiste Filipp Filippovitch Wiegel, contemporain de ces événements, s'en souvient :

> Dans l'habillement militaire, les changements furent fort curieux : les habits larges et longs furent retaillés en uniformes étroits et excessivement courts, couvrant à peine la poitrine ; les cols rabattus devinrent montants et s'élevèrent à tel point que la tête paraissait rangée dans une boîte, et qu'il était difficile de la tourner. On passa d'un excès à l'autre, et tout le monde fut enchanté du nouvel équipement militaire, qui aujourd'hui pourrait paraître fort étrange. À partir de l'époque de Pierre le Grand, la couleur verte

fut la teinte nationale de l'armée russe, mais avant le règne du tsar Paul, on en utilisait seulement une nuance claire ; Alexandre Ier n'a conservé que la teinte sombre, introduite par son prédécesseur[26].

Les tensions entraînées en Europe par la Révolution française ainsi que les opérations réussies du Premier consul Napoléon Bonaparte n'ont pas pu ne pas inquiéter la cour et l'empereur Alexandre Ier. Comme son prédécesseur, qui avait envoyé les troupes russes contre l'armée française aux Pays-Bas et en Italie, Alexandre a commencé à préparer la guerre. L'état d'esprit des militaires y était favorable, ce qui est bien décrit par Faddeï Boulgarine :

> Les officiers et les soldats de la Garde furent imprégnés alors par un rare esprit militaire et tout le monde attendait la guerre avec impatience, ce qui, vu les circonstances de l'époque, pouvait se déclencher à n'importe quel moment. Dès l'avènement d'Alexandre Ier au trône, l'horizon politique « fut couvert par des nuages épais », selon une formule journalistique habituelle. À l'époque, dans toutes les sociétés de Saint-Pétersbourg on discutait de la politique et même nous, les petits cornettes, parlions des affaires ! Tel était l'esprit du temps[27].

En septembre 1805, une partie de la Garde part pour l'Autriche pour faire la jonction avec l'armée russo-autrichienne. À cette campagne ont participé les régiments Preobrajensky, Semenovsky et Izmaïlovsky, les grenadiers de la Garde, le bataillon des chasseurs (L. G. Jägersky), les régiments des chevaliers-gardes, des hussards et des gardes à cheval, ainsi que l'artillerie. Le 13 novembre 1805[28], les troupes de la Garde rejoignent les forces alliées et le 20 novembre[29] elles participent à la bataille d'Austerlitz. L'issue de l'affrontement est connue, mais il serait intéressant de s'attarder sur un épisode qui est pour toujours gravé dans l'histoire d'un des régiments – celui des chevaliers-gardes. Au cours de la bataille, les régiments d'infanterie Preobrajensky et Semenovsky se sont retrouvés face à l'attaque principale de l'armée française. Les soldats de la Garde se replient, subissant des pertes. Le régiment des chevaliers-gardes, arrivé à ce moment du combat, charge les Français à l'appel du frère cadet de l'empereur, l'héritier du trône Constantin Pavlovitch. Les 1er, 2e et 3e escadrons, sous la direction du commandant du régiment, le major-général Nikolaï Ivanovitch Depreradovitch, attaquent l'infanterie. Les 4e et 5e escadrons, dirigés par le prince Nikolaï Grigorievitch Repnine, réunis avec la section d'étendard sous le commandement du cornette Alexandre Albrecht, font face à la cavalerie de la garde impériale française.

« Nous vîmes devant nous, à 400 pas du passage d'un cours d'eau, notre infanterie : le régiment Semenovsky, encerclé par la cavalerie française qui lui enlevait ses drapeaux. Autour de nous, à droite, à gauche, nous ne vîmes que de petits groupes de Russes qui couraient : l'arrière-plan général de ce paysage était formé par le mur uni de l'infanterie française », écrit plus tard, en s'adressant à l'historien Alexandre Ivanovitch Mikhaïlovsky-Danilevsky, le colonel-prince N. G. Repnine, commandant du 4e escadron[30]. Le détachement du prince Repnine et le peloton du cornette Albrecht sont immédiatement attaqués par la cavalerie de la Garde de Napoléon, notamment les grenadiers à cheval et les mamelucks. Un peu plus tard, deux escadrons de chevaliers-gardes sont cernés après avoir été en partie sabrés, en partie capturés. Seuls dix-huit soldats ont pu rompre l'encerclement. En se sacrifiant, les chevaliers-gardes ont retenu l'offensive des unités françaises et ont permis aux fantassins de la Garde russe de se retirer. La bataille terminée, les chevaliers-gardes capturés se sont retrouvés dans le camp français, et ont eu une rencontre avec Napoléon. Selon la légende[31], l'empereur des Français a demandé qui était le plus gradé parmi les captifs. On lui a désigné le prince Repnine.

> C'est vous, le commandant du régiment des chevaliers-gardes
> de l'empereur Alexandre ? a demandé Napoléon au colonel captif.
> – Je n'ai commandé qu'un escadron, a répondu Repnine.
> – Votre régiment a fait son devoir avec honneur !
> – L'éloge d'un grand capitaine est la plus belle récompense du soldat.
> – C'est avec plaisir que je vous le donne. Qui est ce jeune homme à côté
> de vous ?
> – C'est le fils du général Suchtelen, il est cornette dans mon escadron.
> – Il est venu bien jeune pour se frotter à nous ! a remarqué Napoléon.
> Le jeune Suchtelen, âgé alors de 17 ans, est entré dans la conversation,
> en s'exclamant :
> « La jeunesse n'empêche pas le courage ! »
> Et a ajouté la citation du *Cid* de Corneille :
> « Je suis jeune, il est vrai ; mais aux âmes bien nées
> La valeur n'attend point le nombre des années. »
> – Belle réponse, jeune homme ! a dit Napoléon, vous irez loin !

Après ce dialogue, Napoléon donne l'ordre de transférer les chevaliers-gardes blessés dans son quartier général et de les confier aux soins du chirurgien en chef de la garde impériale, Dominique Larrey.

L'honneur de la Garde sur le champ d'Austerlitz a été également défendu par le régiment des gardes à cheval, lequel a enlevé l'aigle du 4e régiment d'infanterie de ligne. C'est le seul emblème français pris par les alliés au cours cette bataille.

À la suite de cet affrontement, la trêve entre les adversaires est conclue, et le 7 avril 1806[32], les unités de la Garde retournent à Saint-Pétersbourg. La même année, le bataillon des chasseurs (L. G. Jägersky) est organisé en régiment.

En février 1807, à nouveau, les unités du corps de la Garde sous le commandement du grand-duc Constantin Pavlovitch quittent Saint-Pétersbourg et s'avancent vers la frontière prussienne. Le 2 juin[33], ils participent à la bataille de Friedland. Le souvenir le plus marquant de ce combat s'attache aux mitres du régiment Pavlovsky, adjoint à la Garde en 1813. En signe de distinction reçu après cette bataille, au cours de laquelle le régiment a effectué à onze reprises des attaques à la baïonnette, dont une où l'on a vu les soldats du régiment porter leur commandant blessé, il a été ordonné, de « laisser aux mitres l'aspect qu'elles avaient avant que le régiment ne quitte le champ de bataille ».

Des unités de la Garde ont pris part à la guerre russo-suédoise de 1808-1809 : Preobrajensky, Izmaïlovsky, Jägersky, la compagnie d'artillerie, le régiment des grenadiers, le 2e bataillon du régiment des lanciers de Sa Majesté l'héritier du trône et le régiment des cosaques. Parmi les membres du corps du prince Piotr Ivanovitch Bagration, les détachements des régiments Preobrajensky, Semenovsky et Jägersky ont participé à la célèbre traversée sur la glace du golfe de Botnie et à la prise des îles d'Åland.

Dans les années précédant la guerre patriotique de 1812, le corps de la Garde augmente considérablement. En 1803, il est complété par le bataillon de Finlande (devenu régiment, L. G. Finlandsky, en 1811) ; en 1809, par les régiments des

dragons (L. G. Dragounsky) et des lanciers (L. G. Oulany) ; en 1811, par le régiment d'infanterie Litovsky. À la même époque, apparaissent des unités spécialisées, tels l'Équipage de la Garde (1810) et le bataillon des sapeurs de la Garde (1812).

> L'année 1812 est arrivée, mémorable pour chaque Russe, lourde de pertes, célèbre par sa gloire brillante pour des siècles et des siècles[34] !

En mars, la Garde quitte Saint-Pétersbourg et se dirige vers la frontière ouest de l'Empire. Les premiers à découvrir l'armée de Napoléon sur le sol russe sont les cavaliers de la patrouille du régiment des cosaques de la Garde. Aussitôt, un rapport est envoyé à l'empereur Alexandre Ier. Des cavaliers du même régiment ont été les premiers à combattre les hussards français le 14 juillet[35] près du village de Novye Troki.

La bataille principale de la campagne de 1812 s'est déroulée aux alentours du village de Borodino le 26 août 1812[36]. Y ont également participé des régiments de la Garde. On peut nommer les régiments Izmaïlovsky et Litovsky parmi ceux qui se sont distingués lors de ce combat. Se trouvant sur le flanc gauche, ils ont fait preuve d'héroïsme au moment critique. Le général Piotr Petrovitch Konovnitsyne a décrit au commandant en chef de l'armée russe la scène suivante :

◆ Jean-Baptiste-Édouard Detaille, *Le Retour au campement des cosaques de l'Ataman, camp de Krasnoe Selo*, vers 1890. Huile sur toile, 60 × 110 cm. Paris, musée de l'Armée, inv. 01440 ; Eb 38d.

«Pour la foi, le tsar et la patrie !»

Je ne peux pas ne pas louer assez l'intrépidité exemplaire démontrée aujourd'hui par les régiments Izmaïlovsky et Litovsky. Arrivés sur le flanc gauche, ils ont inébranlablement tenu sous le feu d'une force extrême de l'artillerie adverse ; accablés de mitraille, les rangs, malgré les pertes, sont arrivés dans le meilleur ordre possible, et tous les grades, du premier au dernier, l'un devant l'autre, ont démontré leur zèle à mourir plutôt que de plier devant l'ennemi. Trois offensives importantes des cuirassiers et des grenadiers à cheval français contre les deux régiments cités ont été repoussées avec un succès incroyable, alors qu'ils étaient entièrement entourés. L'ennemi est refoulé avec des grandes pertes par le feu et par la baïonnette. En un mot, les régiment Izmaïlovsky et Litovsky se sont couverts de gloire aux yeux de tous.

Les pertes globales des régiments Izmaïlovsky et Litovsky se montent respectivement à 808 et 369 hommes.

Le commandant du régiment Izmaïlovsky, le colonel Matveï Evgrafovitch Khrapovitsky, ayant une jambe percée de part en part par une balle, n'a pourtant pas quitté le champ de bataille. Les régiments des chevaliers-gardes et des gardes à cheval se sont également distingués dans ce combat, particulièrement au moment de la dernière offensive réussie des Français contre la batterie de Raevsky, entre quatre et cinq heures de l'après-midi. Ils ont barré la route à la cavalerie française, en l'empêchant ainsi de rompre le front de l'armée russe.

« Les régiments venus du flanc droit reprirent les positions des unités en désordre, la batterie d'artillerie de la Garde avança de nouveau ses positions. Les Français poursuivirent l'offensive. Le combat au corps à corps, entre les masses mêlées de nos cuirassiers et des Français, représentait un spectacle singulier et ressemblait aux batailles des chevaliers d'antan ou des Romains, comme on a l'habitude de se les imaginer. Les cavaliers se battaient à l'arme blanche parmi les tués et les blessés amoncelés en tas. L'offensive de la cavalerie ennemie laissa des traces dans nos rangs, où gisaient des cuirassiers français, dont plusieurs avaient été terrassés par nos recrues, qui avaient poursuivi ces hommes d'armes légèrement touchés, peu mobiles sous leurs lourdes armures. » Ainsi est décrit ce moment de la bataille de Borodino par un de ses participants, Nikolaï Nikolaevitch Mouraviov-Karsky. C'est au cours de cet épisode que périt le commandant des chevaliers-gardes, le colonel Karl Karlovitch Loewenwolde.

Lors de la bataille de la Moskowa, les régiments des lanciers, des dragons, des cosaques, des hussards participent à l'incursion du 1er corps de réserve de cavalerie, sous le commandement du général Fedor Petrovitch Ouvarov, qui contourne le flanc gauche de l'armée de Napoléon. Les régiments Preobrajensky, Semenovsky et Finlandsky restent en réserve jusqu'à quatre heures de l'après-midi et repoussent ensuite avec succès les offensives de la cavalerie française contre le centre des positions russes. Le régiment Finlandsky, les grenadiers de Pavlovsky et le régiment des grenadiers bloquent avec succès les attaques de l'adversaire sur le flanc gauche de l'armée russe.

Durant la campagne de 1812, la Garde prend part aux batailles de Taroutino et de Krasnoe, ainsi qu'à la poursuite des restes de la Grande Armée. En 1813, pour la bravoure et l'héroïsme dont elles avaient fait preuve lors des combats de 1812, toutes les unités de la Garde, excepté les régiments Preobrajensky, Semenovsky et l'Équipage de la Garde, reçoivent des drapeaux et des étendards particuliers dits « de Saint-Georges » avec des inscriptions sur leurs tabliers : *Pour s'être distingué lors de la défaite et l'expulsion de l'ennemi de la Russie en 1812.*

En 1817, pour sa bravoure, le régiment de la Garde Litovsky est nommé Moskovsky. Plusieurs régiments russes de ligne sont récompensés à l'occasion de la victoire sur des Français par des drapeaux et des étendards dits « de Saint-Georges », par des insignes *Pour s'être distingué* et par des trompettes d'argent. Mais une des récompenses les plus honorifiques reste le rattachement à la Garde. Cet honneur a été accordé au régiment des grenadiers, aux grenadiers de Pavlovsky et au régiment des cuirassiers de Sa Majesté l'empereur. À partir de 1813, ils deviennent des unités de la garde impériale.

Au cours de la campagne à l'étranger de 1813-1814[37], les unités de la Garde se sont battues contre l'ennemi près de Lützen, à Bautzen, ont participé à la bataille des Nations près de Leipzig et à celle de Fère-Champenoise.

Un des symboles du courage et de la fermeté de la Garde est la bataille qui eut lieu le 17 août 1813[38], en Bohême, près de la ville de Kulm. Le détachement du général de division Alexandre Ivanovitch Ostermann-Tolstoï couvre la retraite des forces principales de l'armée des Alliés après la défaite sous Dresde les 14 et 15 août[39]. Au détachement russe, qui compte 10 000 hommes environ, dont la 1re division d'infanterie, est opposé le corps français du général Vandamme, fort de 30 000 hommes. Pendant la bataille, les membres de la Garde ont joué un rôle clé en résistant avec succès aux multiples attaques de l'adversaire, supérieur en nombre. La bataille dure deux jours et se solde par la défaite du corps de Vandamme, lequel est capturé. À tous les généraux, soldats et officiers de la Garde, le roi Frédéric-Guillaume III accorde une décoration collective particulière, l'insigne de l'ordre prussien de la croix de Fer, surnommée officieusement la croix de Kulm. Au total, 7 131 hommes ont reçu cette distinction. D'autres récompenses octroyées après la bataille de Kulm sont les drapeaux dits « de Saint-Georges », attribués aux régiments Preobrajensky et Semenovsky et à l'Équipage de la Garde.

Le 19 mars 1814[40], la Garde russe entre solennellement à Paris. En tête de la colonne, marche le régiment des cosaques, suivi de la 1re division des grenadiers, de la division des grenadiers d'infanterie et de la 1re division des cuirassiers. Le 31 juillet 1814[41], la Garde rentre à Saint-Pétersbourg et défile triomphalement devant la population assemblée en grand nombre, passant sous l'arc de triomphe construit en l'honneur de l'armée russe.

LE SOULÈVEMENT DES DÉCABRISTES

Le matin du 14 décembre 1825, des détachements des régiments de la Garde L. G. Moskovsky et L. G. Grenadersky (grenadiers) et de l'Équipage de la Garde sortent sur la place du Sénat à Saint-Pétersbourg et forment le carré autour de la statue équestre de Pierre Ier. La révolte des unités de la Garde, connue sous le nom de soulèvement des « décabristes » a commencé. Après les combats de la Sixième Coalition, avaient émergé dans l'Empire russe de nombreuses sociétés secrètes. Ce phénomène témoigne de la popularité immense des opinions républicaines, qui n'ont pas épargné certains régiments de la Garde. Un complot s'est formé dans le but de destituer la dynastie régnante et d'instaurer en Russie un gouvernement républicain. Selon un accord secret signé par l'empereur Alexandre Ier et ses frères cadets Constantin et Nikolaï Pavlovitch, Constantin, qui n'avait pas d'enfants, devait abdiquer, après la mort d'Alexandre Ier, au profit de Nikolaï, prédestiné à devenir empereur. La courte période d'interrègne qui suivit le décès subit d'Alexandre Ier a servi de déclencheur à la révolte. Ce soulèvement constitue un événement tragique pour la Garde russe, puisque pour la première fois des membres de la Garde ont été contraints d'agir contre leurs camarades. En raison d'une mauvaise coordination entre les insurgés, la rébellion put être étouffée. L'empereur Nicolas Ier dans ses *Mémoires sur l'avènement au trône* a laissé la description de la répression de cette révolte :

> Je consentis à tenter de faire charger la cavalerie. La garde à cheval chargea la première, escadron par escadron, mais ne put rien faire, à cause du verglas, et parce que ses lattes n'étaient pas aiguisées. Leurs adversaires en rangs serrés eurent tous les avantages pour eux et blessèrent plusieurs cavaliers, dont le capitaine Velio qui perdit son bras. Le régiment des chevaliers-gardes lança avec constance plusieurs offensives, mais sans grand succès.
>
> Alors, le général aide de camp, [Ilarion Vassilievitch] Vassil'tchikov, en s'adressant à moi, dit : « Sire, il n'y a pas un moment à perdre ; on n'y peut rien maintenant, il faut de la mitraille ! » Je pressentais déjà cette nécessité, mais, je l'avoue, au moment décisif, je n'arrivais pas à m'y résoudre et je fus saisi d'effroi... « Voulez-vous que le premier jour de mon règne, je verse le sang de mes sujets ? » répondis-je à Vassil'tchikov. « Oui, Sire, pour sauver l'Empire ! » me répondit-il. [...] Ayant envoyé un canon de la 1re batterie de l'infanterie légère à Mikhaïl Pavlovitch[42] pour renforcer la seule route de retraite des rebelles, je pris trois autres canons et les mis devant le front du régiment Preobrajensky, et donnai l'ordre de charger à mitraille : le capitaine en second Bakounine commanda les canons. [...] Enfin, j'envoyai le général de brigade [Ivan Onoufrievitch] Soukhosanet pour annoncer que s'ils ne déposaient les armes à l'instant même, j'ordonnerais de tirer. Des « Hourra ! » et leurs récriminations précédentes furent toute leur réponse, suivie d'une décharge. Alors, tous les moyens tentés et épuisés, je commandais : « Feu ! » Le premier coup porta trop haut, dans la partie supérieure de l'édifice du Sénat. Des cris forcenés et un feu de file répondirent à cette explosion. Un deuxième et un troisième tirs de notre côté, ainsi que de l'autre, près du régiment Semenovsky, portèrent dans le centre même de la foule et en un instant tous se mirent en déroute, en se sauvant par le quai Anglais sur la Neva, dans la rue Galernaïa et même à la rencontre des coups du canon près du régiment Semenovsky, afin d'atteindre la rive du canal Kroukov[43].

L'empereur Nicolas Ier punit sévèrement les officiers des unités insurgées, les considérant à juste titre comme les principaux coupables de la révolte et traita les soldats qui avaient participé au soulèvement avec indulgence. Ces soldats sont regroupés en 1826 dans le régiment de marche, envoyé dans le Caucase pour racheter par le sang la faute commise à l'égard de l'empereur.

DE NICOLAS Ier À NICOLAS II : LA GARDE DANS LES GUERRES DU XIXe SIÈCLE

La première guerre à laquelle ont pris part les membres de la Garde après la fin victorieuse de la guerre contre Napoléon est celle contre la Perse, qui dure de 1827 à 1828. Le régiment de marche cité ci-dessus y fut envoyé. Les soldats de la Garde disgraciés se battent en 1827 près de Djeban-Boulakh, assiègent la forteresse d'Erevan. Après la conclusion du traité de Tourkmantchaï, en 1828, le régiment est licencié et les militaires de la Garde, ayant purgé leur peine, retournent dans leurs régiments d'origine.

En 1828, commence une nouvelle guerre russo-turque. Vers le théâtre des hostilités, en Bulgarie, s'avancent deux bataillons de chacun des régiments d'infanterie de la Garde et les régiments des cosaques, des lanciers, des hussards et des dragons. La participation de la Garde à cette campagne a été assombrie par un événement tragique dû à la négligence du commandant du détachement envoyé en reconnaissance, le flügel-adjudant Zaloussky. Une subdivision de six compagnies de chasseurs s'est retrouvée sans couverture face à des unités turques, supérieures en nombre. Les chasseurs encerclés se sont battus jusqu'au dernier homme, perdant le commandant du régiment Gartung, deux colonels, quinze officiers supérieurs et quelque centaines de soldats.

Deux compagnies du régiment Izmaïlovsky de la Garde s'illustrent lors de l'assaut contre Varna. Ils sont les premiers à faire irruption sur un des bastions de la forteresse et s'y maintiennent, résistant aux forces turques, qui les dépassent en nombre.

Les unités de la cavalerie de la Garde, notamment les régiments des lanciers et des cosaques se distinguent pendant la bataille de Hadji-Hassan-Lar, qui s'achève par la défaite des forces turques.

En 1831, les unités de la Garde contribuent à l'étouffement du soulèvement polonais. Une des batailles les plus dures se produit pendant l'assaut de Varsovie et de ses faubourgs fortifiés. Pendant la prise des fortifications du village de Wola près de Varsovie les 25 et 26 août 1831, se distingue le bataillon des tirailleurs Finlandsky, qui fut récompensé d'un drapeau dit « de Saint-Georges » avec l'inscription : *Pour s'être distingué lors de la répression de la Pologne en 1831*. Lors des combats pour la ville de Varsovie, la cavalerie de la Garde s'illustre particulièrement. Durant un affrontement sous les murs de la ville, le régiment des dragons est encerclé par trois régiments de la cavalerie polonaise. Grâce à une contre-attaque téméraire des hussards de la Garde, les dragons en péril sont sauvés. En poursuivant les Polonais, les hussards pénètrent dans Varsovie et pourchassent l'adversaire à travers la ville jusqu'aux portes opposées. Pour le sauvetage des dragons, le régiment des hussards de la Garde a reçu une décoration collective : par ordonnance impériale du 6 décembre 1831, sont accordées au régiment vingt-deux trompettes dites « de Saint-Georges » avec l'inscription : *Pour Varsovie. Le 25 et 26 août 1831*. En mémoire de ses mérites, le régiment des dragons fut quant à lui transformé en régiment des grenadiers à cheval.

En 1863, quand la Pologne se révolte à nouveau, des compagnies de certains régiments de l'infanterie de la Garde y sont renvoyées en mission, en renfort de l'armée. Les régiments des cosaques, des cosaques de l'Ataman, des dragons, des lanciers de Sa Majesté l'impératrice et le régiment de Grodno y ont envoyé chacun un escadron.

Pendant la guerre de Crimée de 1853-1856, la Garde n'est pas partie pour le théâtre des hostilités du Sud : elle est restée à Saint-Pétersbourg pour la défendre contre le débarquement (non réalisé) des Alliés dans le golfe de Finlande.

Pendant la guerre russo-turque de 1877-1878, les unités de la Garde participent à la bataille de Gorny Doubniak le 12 octobre 1877, à l'assaut des fortifications turques de Telich du 13 au 16 octobre, et à l'affrontement de Tachkisène le 19 décembre 1877. Dans les rudes conditions de l'hiver, les unités de la Garde traversent les Balkans. Un des participants à la campagne, Nikolaï Petrovitch Mikhnevitch, officier du régiment Semenovsky, écrit alors dans son journal :

Le 7 décembre [...] Nous nous rendîmes dans les montagnes. Plus nous montions haut, plus il faisait froid, et cependant on traversa à gué une rivière à plusieurs reprises ; nous en eûmes les jambes terriblement gelées. Alors, quand le bataillon entra dans la forêt et vit des brasiers, allumés par d'autres bataillons de notre régiment arrivés avant nous sur place, il fit halte pour une demi-heure afin de permettre que nous nous reposions en attendant les retardataires [...]. Quand les troupes se remirent en mouvement, nous étions soixante-dix hommes présents, dont les officiers – le commandant du bataillon, moi-même et encore un commandant d'une compagnie. Les autres étaient à tel point épuisés qu'ils ne purent bouger et s'endormirent comme des morts auprès des brasiers[44].

Des décorations collectives sont attribuées pour récompenser l'héroïsme des troupes de la Garde dans les Balkans, sous la forme d'insignes fixés sur les coiffures avec l'indication des dates et des lieux des batailles. Ont été également octroyés des drapeaux et des étendards avec l'inscription : *Pour s'être distingué lors de la guerre russo-turque 1877-1878*. L'Équipage de la Garde a reçu une récompense particulière : des rubans de l'ordre de Saint-Georges sur les bérets et des clairons dits de « Saint-Georges ». Au même moment, on accorde les droits de la Vieille Garde au régiment Finlandsky.

Entre 1878 et 1914, la garde impériale ne participe pas aux conflits. Ses unités cantonnées à Saint-Pétersbourg et à Varsovie montent la garde et participent à de multiples cérémonies militaires et civiles. Néanmoins, en 1904, plusieurs officiers de la Garde partent comme volontaires pour la guerre russo-japonaise. Ils sont attachés aux unités de l'armée, qui se battent en Mandchourie et réintègrent leurs régiments après la guerre.

1914-1917 : L'ULTIME COMBAT DE LA GARDE IMPÉRIALE

Le dernier conflit auquel participe la garde impériale est la Première Guerre mondiale. Elle débute pour le corps de la Garde fin juin-début août 1914, date à laquelle les derniers régiments de la Garde, vêtus de leurs uniformes de campagne, ont pris place dans les trains militaires et ont quitté Saint-Pétersbourg pour toujours. Au cours de multiples et durs combats contre les armées allemande et autrichienne, les soldats de la Garde font preuve à plusieurs reprises de bravoure et d'héroïsme.

Un des premiers à se distinguer est le futur général de l'armée blanche, le baron Piotr Nikolaevitch Wrangel. En Prusse-Occidentale, le 6 août 1914[45], les subdivisions du 1er corps de cavalerie sous le commandement du général de cavalerie Hussein-Ali Khan Nakhitchvansky affrontent la 2e brigade de la Landwehr allemande. Près du village de Kauschen[46], un terrible combat a commencé. Sous le feu, les unités du régiment des chevaliers-gardes sont obligées de mettre pied à terre. L'attaque tentée sur Kauschen est brisée ; la plus grande partie du 4e escadron du régiment des chevaliers-gardes gît devant les positions allemandes. L'entrée au combat du régiment d'artillerie à cheval de la garde impériale crée des conditions propices à une attaque. Le 3e escadron du régiment des gardes à cheval, avec à sa tête le baron Wrangel, mène une offensive audacieuse contre les positions allemandes et fait irruption sur la batterie adverse. La bataille s'achève par la prise de Kauschen et la retraite des troupes allemandes. Pour cet assaut, le baron Wrangel est un des premiers officiers de la Grande Guerre à recevoir l'ordre de Saint-Georges.

Les nouvelles méthodes de combat, la puissance de feu des mitrailleuses et de l'artillerie ont conduit à d'importantes pertes, source de déconvenues pour tous les adversaires. À la fin de l'année 1914, les régiments de la Garde qui ont participé à la guerre ont subi des pertes colossales. L'attaque des positions autrichiennes près du village de Tarnavka pendant la bataille de Lemberg[47], par le régiment Moskovsky, peut être citée en exemple. Le 13 août[48], le régiment emporte les positions autrichiennes près de Tarnavka, après avoir perdu 57 officiers et 2 000 soldats tués ou blessés. Au total, tout au long de la campagne de 1914, 200 officiers et environ 20 000 soldats de la Garde ont été tués.

Les combats tristement célèbres de la rivière Stokhod[49] en juillet 1916 représentent un autre épisode ayant causé d'importants ravages parmi les soldats et les officiers de la Garde. Dans la zone d'offensive du front sud-ouest, les détachements de la Garde ont dû percer vers la ville de Kovel et traverser pour cela un terrain marécageux, à découvert et facilement tenu sous le feu, sur les rives orientales de la rivière Stokhod. Durant les affrontements pour le contrôle de ce territoire, pendant l'offensive du village de Trysten, le régiment Kelkhomsky a perdu 1 900 soldats. Lors de l'attaque des positions de l'ennemi près du village de Iassenuvka, le régiment Finlandsky a quant à lui perdu environ 2 700 soldats. Après la charge de ce régiment, sa première compagnie ne comptait plus que 10 hommes.

Suite aux nombreuses pertes, qui entraînent des renouvellements massifs des effectifs tout au long de la guerre, la garde impériale n'est plus, vers février 1917, ce corps d'élite de soldats et d'officiers soudés par un esprit uni et une tradition de bravoure, qui avait quitté Saint-Pétersbourg en 1914.

Le Gouvernement provisoire, arrivé au pouvoir après la révolution bourgeoise de février, accélère l'agonie du corps militaire : l'ordonnance n° 1 *Relative à la démocratisation de l'Armée* abolit pratiquement la notion de discipline dans l'armée.

Les unités de réserve de la Garde, cantonnées à Saint-Pétersbourg, qui n'ont en commun avec les régiments partis pour le front que leurs noms, sont sensibles à la propagande des Bolcheviks et deviennent une des plus importantes forces de la révolte d'Octobre et de la destitution du Gouvernement provisoire. Le nouveau pouvoir tend à se libérer de la vieille armée : « Le premier commandement de toute révolution victorieuse est la destruction de la vieille armée, sa dissolution et son remplacement par une nouvelle », écrit Lénine. La suppression des grades, des signes distinctifs, des règles de l'étiquette militaire constitue un prologue à des actions plus radicales. Le 24 mai 1918, les régiments Preobrajensky et Semenovsky sont licenciés, et toute la Garde suit bientôt. Dans l'arrondissement de Petrograd, la dernière unité à être licenciée, par ordonnance du 4 février 1921, est la compagnie Gueorguievskaïa des grenadiers, qui faisait pourtant partie, depuis 1918, de l'armée rouge des ouvriers et paysans. La compagnie Gueorguievskaïa n'était rien d'autre que la compagnie des grenadiers du Palais, unité d'honneur, composée de vétérans et montant la garde au palais d'Hiver et dans les salles du musée de l'Ermitage, renommée ainsi par le Gouvernement provisoire. Organisée en 1827, elle n'avait jamais participé à des combats, bien que tous les soldats et officiers la composant eussent participé à plusieurs des guerres menées par l'armée russe.

Ce furent les derniers membres de la garde impériale russe.

NOTES

1. La date est indiquée selon le calendrier julien, ce qui correspond au 30 août 1700, dans le calendrier grégorien (cal. grég.) en usage en France.

2. 30 novembre 1700 (cal. grég.).

3. *Nyeskans* en suédois (N.D.T.).

4. 18 mai 1702 (cal. grég.).

5. 27 mai 1703 (cal. grég.).

6. 2 décembre 1730 (cal. grég.).

7. 10 janvier 1731 (cal. grég.).

8. 6 décembre 1741 (cal. grég.).

9. 9 juillet 1762 (cal. grég.).

10. Gouverneur de la région de Tambov, ministre de la Justice, académicien, Derjavine fut un temps le secrétaire particulier de l'impératrice (N.D.T.).

11. Il s'agit de Catherine II (N.D.T.).

12. L'auteur parle de lui à la 3ᵉ personne (N.D.T.).

13. Il s'agit de la Petite et de la Grande Rue Morskaïa (N.D.T.).

14. La Kolomna est un arrondissement de la ville sur la rive sud de la Neva (N.D.T.).

15. Р. Державин, Сочинения [G. R. DERJAVIN, *Œuvres*], t. VI, Saint-Pétersbourg, 1871, p. 413.

16. Von Münnich est connu en russe sous le nom de Khristofor Antonovitch Minikh (N.D.T.).

17. 13 juillet 1735 (cal. grég.).

18. Premier soulèvement contre le joug ottoman des Grecs alliés aux Russes menés par Fedor et Alexeï Orlov, cette expédition est également connue comme « la révolution d'Orlov » ou, pour les Russes, « l'expédition de l'Archipel » (N.D.T.).

19. 24 août 1789 (cal. grég.).

20. Né J. T. Bulharyn, c'est un homme de lettres, éditeur et critique qui fut rival d'A. Pouchkine, agent de la police secrète et est considéré comme l'inventeur du roman d'aventures (N.D.T.).

21. Сухопутный шлядетский кадетский корпус.

22. Ф. Булгарин, Воспоминания [F. BOULGARINE, *Souvenirs*], Moscou, 2001, p. 89.

23. Le pré de la Tsarine est nommé aujourd'hui Champ-de-Mars (N.D.T.).

24. 23 mars 1801 (cal. grég.).

25. La citation est tirée du poème « Missive au censeur » d'Alexandre Pouchkine, écrit en 1822 (N.D.T.).

26. Ф. Ф. Вигель, Записки [F. F. WIEGEL, *Mémoires*], Saint-Pétersbourg, 1892, p. 180.

27. Ф. Булгарин, Воспоминания [F. BOULGARINE, *Souvenirs*], *op. cit.*, p. 184.

28. 25 novembre 1805 (cal. grég.).

29. 2 décembre 1805 (cal. grég.).

30. А. И. Михайловский-Данилевский, Описание первой войны императора Александра с Наполеоном в 1805 году [A. I. MIKHAÏLOVSKY-DANILEVSKY, *Description de la première guerre de l'empereur Alexandre contre Napoléon en 1805*], Saint-Pétersbourg, 1846, p. 206.

31. Cette légende est reprise dans *Guerre et Paix* de Léon TOLSTOÏ ; voir A. I. MIKHAÏLOVSKY-DANILEVSKY, *op. cit.*, p. 206-207 (N.D.T.).

32. 19 avril 1806 (cal. grég.).

33. 14 juin 1807 (cal. grég.).

34. Le mot est tiré des mémoires du général Alexeï Ermolov (А. П. Ермолов, Записки о 1812 годе генерала Ермолова) [A. P. ERMOLOV, *Mémoires du général Ermolov sur l'année 1812*], Moscou, 1983, p. 2.

35. 26 juillet 1812 (cal. grég.).

36. 7 septembre 1812 (cal. grég.) ; cette bataille est connue dans l'histoire de France sous le nom de « bataille de la Moskowa » (N.D.T.).

37. L'expression « campagne à l'étranger » correspond aux guerres de la sixième coalition dans l'historiographie française.

38. 29 août 1813 (cal. grég.).

39. 26 et 27 août 1813 (cal. grég.).

40. 31 mars 1814 (cal. grég.).

41. 12 septembre 1814 (cal. grég.).

42. Il s'agit du grand-duc Mikhaïl Pavlovitch, frère cadet de Nicolas Iᵉʳ.

43. « Записки Николая I », пер. Б. Е. Сыроечковского [« Mémoires de Nicolas Iᵉʳ », trad. par B. E. SYROETCHKOVSKY], *in* Междуцарствие 1825 года и восстание декабристов в переписке и мемуарах членов царской семьи [*L'Interrègne de 1825 et la révolte des Décabristes dans la correspondance et les mémoires des membres de la famille impériale*], Moscou ; Léningrad, 1926, p. 10-35.

44. Н. П. Михневич, « Из дневника » [N. P. MIKHNEVITCH, « Journal »] *in* Военно-исторический журнал [*Revue d'histoire militaire*], n° 5, 1976.

45. 19 août 1914 (cal. grég.).

46. Aujourd'hui Kachino, dans la région de Kaliningrad (N.D.T.).

47. Cette bataille est nommée « bataille de Galicie », dans l'historiographie russe (N.D.T.).

48. 26 août 1914 (cal. grég.).

49. Aujourd'hui Stokhid, en Ukraine (N.D.T.).

Saint-Pétersbourg, capitale militaire

G. V. VILINBAKHOV
Musée de l'Ermitage

Dans l'histoire de la culture russe du XVIIIe et du début du XIXe siècle, Saint-Pétersbourg occupe une place particulière. Bien sûr, cela est lié, en premier lieu, à la conversion rapide de la ville de saint Pierre en capitale du vaste Empire russe, peu de temps après sa fondation. Ce n'est pas un hasard si toute la période impériale de l'histoire russe est parfois appelée « pétersbourgeoise ». La *Rous'* était moscovite, la Russie est pétersbourgeoise. Saint-Pétersbourg est donc devenue un symbole de la nouvelle période impériale de l'histoire de la Russie. Voilà pourquoi l'emblématique et la mythologie de l'Empire ont été des parties importantes de l'« âme de Saint-Pétersbourg ». Voilà pourquoi aussi les éléments militaires ont joué un rôle important dans la création de l'aspect urbain et de l'image de la ville : cantonnement des troupes dans la cité, uniformes, casernes et cathédrales des régiments, manèges et guérites... L'aspect militaire de la ville s'est manifesté dans la topographie, dans le folklore de la cité, dans le mode de vie et dans plusieurs traits du comportement quotidien.

SIGNES PARTICULIERS

La fondation et les premières années de l'existence de Saint-Pétersbourg sont étroitement liées à la guerre du Nord, comme l'attestent les premières constructions de la ville, la forteresse Pierre-et-Paul et l'Amirauté. Ces monuments soulignent la fonction martiale de la ville. Plus tard également, l'importance de ces édifices, liés à la vie militaire de la capitale, reste considérable.
Sous le règne de l'impératrice Anna Ioannovna, les militaires, autrefois accueillis dans les maisons des bourgeois, sont cantonnés dans des quartiers régimentaires spécialement construits dans les faubourgs. Tout naturellement, ces quartiers comprennent non seulement des casernes, mais aussi des manèges, des cathédrales de régiments, etc.

♦ Benjamin Patersen,
*Vue de la place du Palais
et du palais d'Hiver depuis
le début de la perspective
Nevsky*. Suède, 1801.
Huile sur toile, 64 × 99 cm.
Musée de l'Ermitage,
inv. ЭРЖ-1902.

Plusieurs monuments de Saint-Pétersbourg ont une fonction militaire : on peut citer la cathédrale de la Transfiguration[1] ou celle de la Sainte-Trinité[2], qui étaient les cathédrales des régiments Preobrajensky et Izmaïlovsky. Mentionnons également la caserne du régiment des chevaliers-gardes[3], celle du régiment Pavlovsky[4], etc. Il faut souligner que certaines cathédrales sont devenues des lieux de mémoire militaire. Ainsi, dans la cathédrale Saints-Pierre-et-Paul, étaient conservés les drapeaux suédois et turcs pris à l'ennemi ; la cathédrale de Notre-Dame-de-Kazan abritait les trophées des guerres napoléoniennes et de la guerre russo-perse. L'importance de la cathédrale de Notre-Dame-de-Kazan en tant que mémorial a été accrue par l'installation de la tombe du général feld-maréchal Mikhaïl Illarionovitch Koutouzov. Devant la façade sont érigés les monuments à M. I. Koutouzov et au général feld-maréchal Mikhaïl Bogdanovitch Barclay de Tolly[5]. Les emblèmes pris à l'ennemi décoraient également les cathédrales de la Transfiguration et de la Sainte-Trinité sans compter que, en 1829-1832, autour de la première, est construite une grille constituée de fûts de canons turcs et que, devant la façade de la seconde, une colonne surnommée la *colonne de Gloire* rassemblait des pièces d'artillerie provenant du butin de guerre turc.

L'image militaire de Saint-Pétersbourg a été renforcée par les arcs de triomphe : celui de Narva[6], celui de Moscou[7], l'arc de l'État-Major[8], ainsi que les monuments élevés aux stratèges Alexandre Vassilievitch Souvorov[9], ou au grand-duc Nikolaï Nikolaevitch. Citons les obélisques et colonnes en souvenir des victoires, tels l'obélisque de Roumiantsev[10], la colonne d'Alexandre[11], la colonne de Tchesmé[12] à Tsarskoe Selo, etc. Ajoutons aussi le décor des bâtiments dans le style Empire russe, les grilles et les réverbères chargés de trophées…

De façon particulière, le caractère militaire de Saint-Pétersbourg se reflète dans la toponymie. Les noms des lieux permettent de retracer tous les changements de cantonnement des troupes dans le milieu urbain.

Notons qu'à côté des toponymes évidents, tels que la rue Fourchtadskaïa[13], le boulevard Konnogvardeïsky[14], la place Semenovskaïa[15], existent plusieurs noms discrètement liés à la thématique militaire. Ainsi, la rue Zakharievskaïa tirait son nom de l'église du régiment des chevaliers-gardes, et la rue Sergueevskaïa (aujourd'hui, rue Tchaïkovski) évoquait la cathédrale Saint-Serge[16], sanctuaire de toute l'artillerie. Dès les premières années de l'existence de Saint-Pétersbourg, le pourcentage de militaires parmi les habitants était important. Selon les périodes, les soldats ont atteint jusqu'à un quart de la population. Dans les années 1830, environ 50 000 habitants de Saint-Pétersbourg portaient l'uniforme militaire, ce qui représentait près de 10 % de la population.

IMAGES DE LA VILLE

L'historien de la ville, Ivan Pouchkarev, écrivait : « Saint-Pétersbourg, du point de vue de son caractère, présente aujourd'hui quatre villes, presque isolées : militaire, commerciale, régionale et capitale[17]. » Il faut noter le caractère simpliste de cette conception, qui convient mieux à la période correspondant à la fin du XVIIIᵉ et au début du XIXᵉ siècle. I. Pouchkarev remarquait que « cela fut tout à fait valable pour les années trente du XIXᵉ siècle, quand tous ces quatre éléments se trouvaient répartis d'une manière régulière dans la capitale[18] ». Ce propos éclaire les surnoms qui ont pu être attribués à Saint-Pétersbourg, comme « le département des fonctionnaires » ou « la chancellerie régimentaire ».

Cette perception reflète l'aversion que Saint-Pétersbourg et son architecture ont suscitée depuis le début des années 1830 et jusqu'à la fin du siècle. L'historien de l'architecture Gueorgui Kreskentievitch Loukomsky a écrit que ce phénomène « ne s'est sans doute pas produit sans raison : avec la renaissance d'un intérêt pour le vieux style russe, pittoresque et asymétrique, n'importe quel style classique [...] paraissait ennuyeux[19] ».

Le style pétersbourgeois a connu la défaveur dans les années 1820, quand le célèbre mémorialiste, Ossip Antonovitch Przecławski, a écrit : « Une certaine monotonie des bâtiments s'explique par la petite quantité des modèles des façades et des plans officiellement approuvés, d'après lesquels il était permis de construire de nouveaux édifices. Les mêmes restrictions existaient pour les couleurs. Presque exclusivement, le jaune pâle fut adopté pour les corps de bâtiment et le blanc pour les frontons, les colonnes, les pilastres et les décorations. Voilà pourquoi des rues entières, fussent-elles des voies principales, eurent l'apparence d'une caserne : l'extérieur des rues et des places excédait par son uniformité[20]. »

Plus tard, dans le poème d'Alexeï Tolstoï intitulé « Le Portrait », on lit :

> Tout près du pont dit Anitchkov,
> On occupait une grande maison,
> Laquelle, sans doute pour personne,
> Comme les voisines, était jaune.

N'oublions pas que le jaune (or) est la couleur de l'étendard de la famille impériale. Cette teinte, attribuée à la garde impériale dans le premier quart du XIXe siècle, utilisée pour les drapeaux à croix jaune et les tabliers jaunes d'étendards, ainsi que pour les monuments de l'architecture saint-pétersbourgeoise dans le style Empire russe (notamment, les constructions des architectes K. Rossi, V. Stassov, L. Rusca), devient une couleur caractéristique de Saint-Pétersbourg. Plus tard, on découvre « la neige jaune » dans l'œuvre de Fedor Dostoïevski, « Mémoires écrits dans un souterrain » ou chez le poète Ossip Mandelstam, dans sa poésie « La place du Palais » de 1915 :

> Seulement par là, le firmament est pâle
> Et le lambeau noir et jaune s'enrage
> Comme dans l'éther se propage
> La bile de l'aigle bicéphale.

L'évolution du goût au début du XXe siècle a engendré une nouvelle perception de l'image de la ville. Alexandre Nikolaevitch Benoît a remarqué ce phénomène : « Il est curieux que l'idée de la laideur de Saint-Pétersbourg soit tellement enracinée dans notre société qu'aucun des peintres des cinquante dernières années n'a souhaité la représenter, dédaignant cette ville, "peu pittoresque", "bureaucratique", "froide"[21]. »

A contrario, l'image de Saint-Pétersbourg donnée par Pouchkine témoigne de son enthousiasme et de son amour à l'égard de la ville. Le rôle de Saint-Pétersbourg comme « capitale militaire » n'était pas négligeable dans cette perception[22] :

> J'aime aussi l'aspect belliqueux
> Des Champs-de-Mars, si distrayants,
> L'ordonnance, l'habillement
> Des fantassins, des cavaliers,
> La rigueur, l'uniformité,

La houle des drapeaux lacérés
Et des casques d'airain l'éclat,
Marqué par la trace des combats.
J'aime, capitale guerrière,
Ton sourd tonnerre et la fumée...
Quand, triomphante, la Russie
Fête la victoire sur l'ennemi.

Les vues de Saint-Pétersbourg de cette époque, peintes, gravées, aquarellées, semblent dialoguer avec ces lignes de Pouchkine. Combien d'enthousiasme et de joie on perçoit dans les œuvres de Benjamin Patersen et de Piotr Ivanov, de Vassili Raev et des frères Grigory et Nikonore Tchernetsov : les parades militaires, les relèves de la garde, le passage des troupes dans les rues de la ville et les simples paysages urbains sur lesquels on peut, presque toujours, voir une figure en uniforme. Ces traits militaires de l'iconographie de Saint-Pétersbourg ne sont pas un hasard, mais reflètent une image constante, significative du quotidien et de l'identité de la capitale russe.

REVUES ET PARADES : UNE FÊTE DE TOUS LES INSTANTS

Les revues militaires occupent à l'époque une place importante dans la vie de la ville par leur nombre et par leur beauté. Elles mettent en scène un régiment ou la Garde entière, à l'occasion de la relève de la garde, des grandes fêtes, des événements importants dans la vie de l'Empire, de la capitale ou de la famille impériale. Appelées parades du palais ou « parades ecclésiastiques », ces cérémonies sont représentées dans plusieurs gravures et tableaux.

Dans les années 1830, quatorze places militaires (*Platz-Parade*) sont destinées aux revues des troupes. Le plus souvent, les commandements militaires et la musique résonnent au-dessus du vaste pré de la Tsarine, devenu à partir de l'époque de Paul Ier, le véritable Champ-de-Mars. Ici, se déroulent de nombreux exercices militaires. Chaque année, au printemps, y sont accueillies les grandes parades et les « revues des troupes de la Garde par Sa Majesté l'empereur », avant que ces dernières ne quittent leur caserne d'hiver pour les camps d'été au sud de la capitale. En mai, la parade au Champ-de-Mars terminait la saison d'hiver de la vie mondaine de Saint-Pétersbourg, qui avait commencé à l'automne par le bal du corps des cadets de la marine. S'y déroulent également des cérémonies à l'occasion de fêtes diverses. Ainsi, le 23 septembre 1829, y est chanté le Te Deum en action de grâces pour le traité de paix avec la Turquie. Un des contemporains décrit ainsi cet épisode : « Tous les effectifs de la Garde cantonnés dans la capitale, l'armée, les établissements d'enseignement, l'infanterie, la cavalerie, l'artillerie, ont formé à 10 heures du matin des colonnes denses, en deux lignes, sur trois côtés de la place, face à une haute tribune, érigée pour Sa Majesté l'empereur. À 11 heures passées, Sa Majesté accompagnée de l'Héritier du trône et d'une suite nombreuse daigna arriver au pré de la Tsarine et écouta les prières sur la tribune, entouré de tous les étendards des armées réunis à cet instant. À la fin de la célébration de l'Office divin, sous le bruit des salves, les exclamations des troupes et du peuple, le butin enlevé à l'ennemi par nos troupes en Europe et en Asie, à savoir : les sceptres des Pachas, les *boutchouk* (étendards turcs), les clés des forteresses et les emblèmes, fut emmené devant les rangs tout autour de la place. »

◆ Grigory Tchernetsov,
*Vue des salles du palais
d'Hiver. La galerie de
la Guerre de 1812*,
Russie, 1827. Huile sur toile,
122 × 93,6 cm. Musée de
l'Ermitage, inv. ЭРЖ-2433.

C'est de façon aussi pittoresque que s'y est déroulé le triomphe du 6 octobre 1831, à l'occasion de la fin de la campagne de Pologne. Cet événement est représenté sur le tableau de Grigory Grigorievitch Tchernetsov, *La Parade sur le pré de la Tsarine*. Trait caractéristique, le peintre n'a pas illustré que les troupes brillantes, mais aussi une galerie de portraits de la société de Saint-Pétersbourg de son temps. Parmi les 223 personnes qui y figurent se trouvent, outre les aristocrates, des écrivains, des scientifiques, des artistes. On remarque, en particulier, Ivan Krylov (auteur de fables à succès et éditeur), Nikolaï Gneditch (poète et traducteur de l'*Iliade* en vers), Alexeï Olenine (directeur de la Bibliothèque publique et président de l'Académie des beaux-arts), et le poète Alexandre Pouchkine. Ces fêtes, hautes en couleur, attirent de nombreux spectateurs. L'empereur Nicolas Ier écrit dans une lettre au feld-maréchal Ivan Fedorovitch Paskievitch : « La revue et toute la cérémonie furent belles, 19 000 hommes de troupe furent présents, accompagnés de 84 pièces d'artillerie. Il fit beau, et la vue fut splendide[23]. »

L'enthousiasme engendré par « la beauté uniforme de l'infanterie et des chevaux », un véritable spectacle, était naturel non seulement pour l'amateur de parades, comme l'était Nicolas Ier, mais aussi pour un observateur étranger. « Qui nierait, écrit un habitant de Saint-Pétersbourg, que les évolutions militaires, même si elles semblent une chose mécanique à notre philosophie civile, sont charmantes ; nier que cette grande masse d'hommes, en train de composer des figures régulières, qui bougent et se transforment comme par un enchantement magique ; nier que la bariolure charmante et brillante parmi la monotonie amuse l'œil singulièrement, comme la musique et le tonnerre des canons amusent l'oreille[24]. »

Durant les XIXe et XXe siècles, les uniformes et les détails de l'organisation des parades changent, mais le spectacle des revues militaires conserve un caractère important dans la vie de la ville. Cela est valable, avant tout, pour la parade de mai au Champ-de-Mars. De cet « apothéose de la splendeur militaire », comme l'a nommée A. Benoît, participent tous les corps d'armée de la garnison de Saint-Pétersbourg. Qu'il nous soit permis de citer la description de cette parade grandiose faite par Alexeï Ignatiev au début du XXe siècle :

« Deux bandes écarlates de deux *Sotnias* des cosaques ouvrirent le défilé des troupes... Le *Konvoï* fut suivi par le bataillon de l'École militaire de Pavlovsk, marquant le pas, passa ensuite le bataillon de marche, dont la première compagnie est celle des pages, rappelant par leurs casques une époque oubliée depuis longtemps. Ensuite arriva l'entracte, l'orchestre du régiment Preobrajensky sortit au milieu du champ et le défilé de la Garde débuta. Elle marcha en colonnes par compagnies, dites également "colonnes d'Alexandre", car conservées depuis le temps de Napoléon. La teinte rougeâtre des tenues des soldats du régiment Preobrajensky fut suivie de la nuance bleuâtre du régiment Semenovsky, des passepoils blancs d'Izmaïlovsky et de ceux, verts, des chasseurs. La monotonie des silhouettes fut seulement interrompue par le régiment Pavlovsky, qui marchait avec ses mitres coniques de l'époque de Frédéric le Grand, selon la tradition, méritées au combat, avec les fusils en avant, baïonnettes pointées.

L'artillerie, qui marchait derrière, frappait au premier regard par les harnachements des chevaux de grande taille, assortis selon leurs robes avec un goût purement russe : les premières batteries étaient tirées par des chevaux alezans, les deuxièmes par des bais, les troisièmes par les moreaux...

Les lignes argentées des chevaliers-gardes sur leurs chevaux bais étaient remplacées par les lignes dorées des gardes à cheval sur leurs énormes chevaux moreaux, puis suivaient les lignes argentées des cuirassiers sur des bai brun et, de nouveau, les lignes dorées des cuirassiers sur des alezans.

En tête de la deuxième division passaient les lugubres grenadiers avec leurs casques ornés de crin noir, derrière eux, sur des chevaux alezan clair, passaient les lignes bleues et rouges des lanciers. Au-dessus de leurs têtes s'envolaient des girouettes fixées sur de longues piques de bambou, enlevées aux Turcs.

La tache rouge et argent des dragons de la Garde, montés sur des chevaux bais, annonçait le moment le plus impressionnant de la parade, le défilé des hussards de Tsarskoe Selo. Après le commandement "Au galop !" vers vous volait une ligne de dolmans rouges ; à peine arrivait-elle à votre niveau, qu'elle devenait blanche à cause des pelisses jetées sur les épaules. Petit à petit, les régiments de cavalerie formaient des colonnes, occupant toute la longueur du Champ-de-Mars opposée au jardin d'Été.

En avant de cette foule à cheval, avançait au milieu du champ [le grand-duc] Nikolaï Nikolaevitch, inspecteur général de cavalerie. Il leva sa *chachka* haut dans l'air. Tout se taisait pour un instant. Nous, les lattes levées, ne quittions pas des yeux son sabre.

Il n'y eut pas d'ordre ; la *chachka* tomba et sur ce signe la terre commença à trembler sous les sabots de 5 000 cavaliers galopant vers le jardin d'Été. Cette avalanche s'arrêta à dix pas du tsar[25]. »

Cette description de la parade a été rédigée par un militaire professionnel. Il est intéressant de comparer ce texte avec un autre, littéraire, dont l'auteur est le poète Andreï Bely : « À la même heure la parade se déroulait sur l'immense Champ-de-Mars où se tenait le carré de la garde impériale.

De loin, à travers la foule, derrière le hérissement d'acier des baïonnettes des régiments Preobrajensky, Semenovsky et Grenadersky, on pouvait voir, alignés, les chevaux blancs de la cavalerie ; il semblait qu'un miroir doré, dense, luisant au soleil, débutait lentement son mouvement d'un point à l'autre. Dans le vent claquaient les oriflammes multicolores des escadrons ; des orchestres aux reflets d'argent pleuraient et appelaient mélodieusement de loin ; on voyait là-bas un alignement d'escadrons de cuirassiers et de gardes à cheval. On apercevait ensuite l'escadron même, les cuirassiers et les gardes ; on pouvait voir la galopade des cavaliers en rang par escadrons, blonds, immenses, vêtus de cuirasses et de culottes de peau collantes, lisses et blanches, en armures dorées et luisantes, coiffés de casques étincelants surmontés soit du "pigeon" d'argent, soit de l'aigle bicéphale : l'une après l'autre, les lignes des escadrons caracolaient. Devant eux, dansait sur sa selle le baron Ommergau, aux moustaches blondes, surmonté du "pigeon" d'argent. Couronné d'un même "pigeon", caracolait avec arrogance le comte Aven. "Cuirassiers, gardes à cheval !"

Surgis de la poussière comme un nuage sanglant, les plumets baissés, passèrent au galop les hussards sur leurs coursiers gris. Leurs pelisses[26] rougeoyèrent, leurs mantelets blancs bordés de fourrure volèrent après eux ; la terre gronda et les sabres, levés, cliquetèrent ; et au-dessus du bruit, et au-dessus de la poussière d'un coup coulait un jaillissement d'argent. Le nuage rouge des hussards s'envola et la place d'armes fut de nouveau libre. Et encore, là-bas, dans l'espace, surgirent des cavaliers, bleus cette fois-ci, offrant l'argent de leurs cuirasses aux lointains et au soleil ; c'étaient les escadrons des gendarmes de la Garde ; la sonnerie de leurs trompettes se plaignit de loin de la foule : mais la poussière brune les cacha progressivement aux regards. Les tambours claquaient : l'infanterie passa[27]. »

Dès le début du XIXe siècle, on commence à organiser des parades commémorant différents événements historiques. Solennellement, le 16 mai 1803, la capitale se remémore « le souvenir du fondateur de la cité… ». Les régiments de la Garde passent par le quai Anglais vers la place du Sénat. En tête des colonnes marche le jeune souverain, Alexandre Ier, qui, en passant devant le Cavalier de Bronze[28], « daigna saluer celui-ci, le geste fut suivi par toutes les troupes ». Des étudiants du corps des cadets sont alignés auprès du monument[29].

Plusieurs cérémonies militaires se déroulent près du palais d'Hiver, non seulement sur la place mais aussi sur le terrain du côté de l'Amirauté, jusqu'à ce qu'un jardin y soit tracé. On y organise notamment les parades des sentinelles et, pendant la guerre de Crimée, on passe en revue les bataillons de marche. Outre les cérémonies militaires habituelles, l'attention des habitants de Saint-Pétersbourg a de temps en temps été attirée par des nouveautés. Par exemple, au début des

années 1870, on adopte les « alertes » et les « promenades militaires ». Si les dernières ont un but purement hygiénique, et sont effectuées par chaque détachement à une heure précise, l'objectif des « alertes » était de maintenir un certain niveau de combativité. Voilà comment un témoin décrit un de ces exercices : « Les paisibles habitants de Saint-Pétersbourg ne comprirent pas au premier abord : que signifiait la précipitation brusque de la cavalerie dans les rues, le bruit des canons emportés et le mouvement hâtif de l'infanterie ? Plus on était près du point de ralliement, plus beau et animé était le tableau militaire. Le plus impressionnant fut l'entrée des troupes sur la place du Palais débouchant de trois côtés : au-dessous de l'arc [de l'État-Major], du côté du Champ-de-Mars et depuis la cathédrale Saint-Isaac[30]. »

Les militaires participent pratiquement à toute la vie cérémonielle de Saint-Pétersbourg, qu'il s'agisse de fêtes de la Cour, de rencontres des chefs d'État avec des ambassadeurs, d'inauguration de monuments ou d'obsèques. « Tout militaire était accompagné d'un détachement du régiment auquel il avait appartenu qui suivait son cercueil. Si le défunt était haut placé dans la hiérarchie militaire, il était escorté par plusieurs détachements différents, sans exclure la cavalerie et l'artillerie, emmenée avec fracas. Ô, combien me déchiraient l'âme ces marches funèbres, jouées par des orchestres militaires marchant, les instruments enveloppés de crêpe noir. Il arrivait que j'entende de loin le bruit sourd des tambours, le glapissement des flûtes et le meuglement des trompes, et je courais effrayé dans ma chambre d'enfant[31]... »

◆ Adolf Ladurner,
Relève des gardes du régiment Moskovsky, Russie, 1838.
Huile sur toile.
Musée de l'Ermitage,
inv. ЭРЖ-2579.

Ou, dans les souvenirs d'Alexandre Fedorovitch Koni : « Lorsqu'un convoi [funèbre] n'était pas suivi par un cheval couvert par un long caparaçon, alors, visiblement, ce n'était pas un cavalier mais un civil que l'on enterrait[32]. »

À propos de funérailles militaires, il existe une anecdote ou un mythe pétersbourgeois selon lequel Nicolas Ier se dirigeait un jour par le quai Anglais vers le pont de l'Annonciation sur lequel montait justement un corbillard solitaire portant un cercueil peint en jaune, surmonté d'un casque et d'un sabre. Personne n'accompagnait le défunt, décédé dans un hôpital militaire et emmené vers le cimetière Smolensky. Apprenant cela du cocher, Nicolas Ier descendit de son équipage et suivit à pied la dépouille du soldat inconnu, derrière laquelle, bientôt, en imitant l'exemple de l'empereur, marcha une foule de plusieurs milliers de personnes[33].

Dès leur origine, les régiments de la Garde ont porté des uniformes différents de ceux de la ligne. La beauté des tenues de ces unités était une composante très importante du caractère spectaculaire des cérémonies et des parades militaires. Et, bien sûr, la première place appartenait aux parades pétersbourgeoises, dont la splendeur était assurée par la présence de la Garde. « Qui ne fait pas d'éloge à la Garde ? écrit le général Alexeï Petrovitch Ermolov. Et comment ne pas en faire l'éloge, en vérité[34] ? » La position particulière de la Garde était parfois involontairement enviée en province, et même à Moscou, parmi les membres de l'armée. Souvenons-nous des paroles d'un grand connaisseur des « distinctives des uniformes : des passepoils, des pattes d'épaules, des boutonnières », le colonel S. S. Skalozoub, un des protagonistes de la comédie d'Alexandre Sergueevitch Griboedov *Du malheur d'avoir de l'esprit*[35] :

> J'apprécie fort votre justesse,
> Vous évoquez avec bon goût
> Les idées préconçues qu'on nourrit à Moscou
> Au profit de la Garde, officiers, et piétaille,
> Chamarrés d'or, on dirait des soleils.
> Mais nous, l'armée de ligne, on est au moins pareils
> – La mine aussi soignée, aussi serrés de taille,
> Et même, il y en a, je sais,
> Qui sont capables de parler le français.

Naturellement, les membres de la Garde aimaient se pavaner dans leurs beaux uniformes. Chaque régiment possédait ses distinctives. L'infanterie de la Garde se différenciait grâce aux couleurs du col et des passepoils blancs, accordés à la 1re division en souvenir des batailles navales du règne de Pierre Ier. Les officiers avaient une broderie spécifique pour chaque régiment.

Alexandre Benoît a donné dans ses *Souvenirs* une description haute en couleurs de l'aspect extérieur de la Garde : « Puisque le chemin de retour des casernes des régiments Izmaïlovsky et Semenovsky, ainsi que de l'Équipage de la Garde, passaient par notre rue Nikolskaïa, puis par la rue Morskaïa, nous avons vu tous les jours ces soldats en petits ou en grands détachements. Le corps de garde du palais d'Hiver formé à partir de l'un ou de l'autre régiment faisait obligatoirement l'aller et retour. De surcroît, notre rue a été empruntée tous les printemps par une partie considérable de la garnison de Saint-Pétersbourg, pour rejoindre les camps près de Krasnoe Selo. Là-bas, je pouvais voir plusieurs uniformes spectaculaires, et de choix. Enfin, pour la parade de mai, arrivaient à Saint-Pétersbourg les cuirassiers de la Garde, les cosaques, et tous, tous, montés sur leurs chevaux merveilleux ou à pied, passaient sous nos fenêtres accompagnés de la musique de leurs orchestres. En mai, il m'était permis de sortir sur le balcon et là, décidément, il me semblait participer à cette fête merveilleuse. Il paraissait qu'il suffisait de tendre la main et on pouvait toucher l'étendard régimentaire brodé ou caresser les cuirasses et les casques luisants, dans le miroir desquels se reflétaient les maisons et le ciel. Il faut ajouter qu'à l'époque l'apparence des soldats était beaucoup plus spectaculaire qu'elle ne le fut plus tard. C'était le règne d'Alexandre II, dont le père Nicolas Ier était un fameux amateur d'aligne-ments militaires. Bien que certaines choses aient été simplifiées durant son règne, néanmoins, les uniformes restaient luxueux, surtout dans les régiments d'élite de la garde impériale. Certains fantassins ont conservé les casques avec le panache blanc tombant, les autres portaient des képis, proches des modèles français, également décorés par un plumet. La poitrine des soldats de la plupart des régiments était couverte de drap rouge, qui, en combinaison avec le vert-noir des uniformes, les boutons dorés et les culottes blanches (pour l'été), donnaient un air de fête extraordinaire. Certains régiments privilégiés se distinguaient par une apparence fortement décorative. Combien étaient spectaculaires les grandes tenues des hussards, blanc ou rouge avec de l'or ; les armures des cuirassiers, chevaliers-gardes et gardes à cheval dorées ou argentées ; les hauts colbacks en fourrure à flamme rouge flottant sur le dos des grenadiers à cheval : les *chachka* brillantes, portées de travers par les lanciers, etc.[36]. »

LE TAMBOUR, LA MUSIQUE ET LE TINTEMENT DES ÉPERONS

En se promenant en imagination dans les rues de Saint-Pétersbourg, non seulement notre œil serait attiré par les militaires, mais notre oreille aussi capterait les sons d'un tambour, d'une flûte, la puissance solennelle de l'orchestre militaire. « Très souvent, se remémorait l'académicien Dmitri Sergueevitch Likhatchev, on entendait dans les rues des orchestres militaires. Soit un régiment allait à l'église un jour de fête ou un dimanche, soit on enterrait un général ; tous les jours les soldats des régiments Preobrajensky et Semenovsky partaient vers le palais d'Hiver pour la relève. Les gamins accouraient en entendant le son de l'orchestre. Le plus intéressant était le moment où des détachements désignés pour escorter des funérailles revenaient du cimetière : il fallait alors jouer des mélodies joyeuses. Le départ vers l'église était accompagné par des marches enjouées, sauf, bien entendu, à la période de Carême. Sans compter également les "sons discrets" comme le tintement des éperons. Les officiers veillaient à la sonorité de ces derniers, qui étaient souvent en argent[37]. »

Le répertoire des musiciens et des orchestres militaires était très varié, mais toutes les mélodies jouées ne pouvaient être qualifiées de musiques régimentaires. Bien sûr, la musique militaire se composait, en premier lieu, de signaux, de marches, de chansons, interprétés conformément aux règlements et aux traditions martiales. Au XVIIIe siècle, la musique militaire résonnait avant tout dans les quartiers des régiments, où la journée débutait et se terminait par les signaux déterminés. En tenant compte de la localisation des régiments dans tous les arrondissements de la ville, on s'imagine facilement les signaux retentissant pratiquement partout pendant les heures calmes du matin et du soir. Les alertes réglementaires jouées dans les cantonnements sont devenues une partie intégrante du tissu sonore de la ville. « L'empereur Paul Ier institua l'extinction des feux dans les maisons des habitants et la fermeture des tavernes après l'annonce du crépuscule[38]. »

> Quand Pétersbourg grouillante et sourde
> Est réveillée par le tambour[39].

Il faut se rendre compte du niveau des bruits, relativement faibles, dans la ville aux XVIIIe et XIXe siècles : cela permettait d'entendre de loin, à grande distance la musique militaire et les signaux. Gavriil Romanovitch Derjavine décrivait dans ses *Mémoires* son service au sein du régiment Preobrajensky. En racontant le coup d'État de Catherine II, en 1762, il remarquait : «Dans le cantonnement du régiment Izmaïlovsky nous entendîmes le tambour battant et l'alerte, dans la ville, le remue-ménage commença[40].»

Durant le XVIIIe siècle, tous les régiments de la Garde sont munis non seulement de tambours, flûtes et trompettes pour jouer les signaux, mais également de musiciens en grande quantité formant des orchestres entiers.

Sous le règne d'Alexandre Ier, les orchestres des régiments augmentent de nouveau, sans jamais atteindre la grandeur inouïe des années précédentes.

> Les orchestres me causaient un enthousiasme particulier, se souvient Alexandre Benoît, ceux qui marchaient et surtout, ceux qui jouaient, à cheval, leurs célèbres marches (des marches qui soulevaient l'âme). Un tel orchestre à cheval présentait un spectacle sublime. Combien il y avait d'or et d'argent, comme elles étaient impressionnantes les timbales, attachées de part et d'autre des selles! Et avec quelle beauté majestueuse le tambour-major géant marchait devant l'orchestre. Que ne faisait-il pas avec son bâton galonné et orné de glands, cet homme recouvert partout par des galons? Il le jetait en l'air, l'attrapant en marchant, le tournait de manières différentes[41].

À partir du XIXe siècle, la musique militaire à Saint-Pétersbourg se diversifie, puisque chaque régiment possède sa marche. D'après la mélodie, il était possible d'identifier le régiment qui approchait. Les marches des régiments étaient décrétées, après l'approbation de l'empereur, par une ordonnance du ministère de la Guerre prise à l'état-major.

Les marches des régiments Preobrajensky et Semenovsky étaient les plus anciennes. On pense que la première remonte à l'époque de Pierre le Grand et c'est pour cela qu'on l'appelait «la marche Petrovsky» (de Pierre). L'amateur d'antiquités militaires, G. Ivanov, a supposé qu'à l'origine de cette marche était une chanson populaire suédoise qui aurait pu avoir été arrangée par un des musiciens captifs de l'armée suédoise.

La marche du régiment Semenovsky a été créée en 1796 par le général Rimsky-Korsakov, musicien passionné, qui l'a dédicacée à une des dames d'honneur de l'impératrice. À la suite de l'ordre de Pierre Ier, la marche a été attribuée au régiment[42].

Un air d'opéra *La Dame blanche* de François-Adrien Boïeldieu[43] se voit transformé, en 1826, en marche des chevaliers-gardes. Tel fut le désir du chef du régiment, l'impératrice Alexandra Fedorovna[44]. Souvenons-nous que dans le jargon militaire, «la dame blanche» signifie «l'arme blanche». Dans un des couplets de la marche on chante :

> Chevaliers-gardes, prenez garde,
> La Dame blanche vous regarde.

Ces paroles ont été tournées en dérision par les gardes à cheval, rivaux de toujours des chevaliers-gardes «et au bal et sur le champ de bataille» :

> Chevaliers-gardes, prenez garde,
> La Garde à cheval vous regarde.

La marche du régiment des cuirassiers de Sa Majesté l'empereur est créée sur l'ordre de Nicolas Ier. Le souverain, revenu de la place du Palais, observait par la fenêtre les préparatifs du régiment pour quitter le lieu de la revue. Les trompettes sonnaient « Halte – alignement – halte ! » et Nicolas Ier le répétait automatiquement, en frappant des doigts sur la vitre. Il a ordonné ensuite de composer la mélodie, en prenant comme thème de base ce signal.

La marche du régiment des cuirassiers de Sa Majesté l'impératrice et du 2e régiment des dragons de Pskov de Sa Majesté l'impératrice était une mélodie surnommée « La marche Guessensky » (de Hesse). Dans l'article qui lui est consacré, on lit : « Ernst-Ludwig... marche. Composée en Kranichstein, le 4 juillet 1730 par Son Excellence ducale Louis VIII de Hesse, prince héritier, ensuite Landgrave... d'après une tradition orale, conservée dans le régiment, cette attribution doit remonter à l'époque de la visite du prince héritier de Hesse-Darmstadt, qui était venu en Russie pour les festivités à l'occasion du mariage de Marie, princesse de Hesse, avec l'ancien chef du régiment, l'héritier du trône, Alexandre Nikolaevitch[45], lesquelles se déroulèrent mi-avril 1841. Jusqu'aux derniers temps, cette marche fut jouée dans une orchestration d'Antoine Derfeldt, ancien maître de chapelle de la Garde au début des années 1860[46]. »

Le régiment des lanciers de la garde impériale possédait une marche composée sur le thème d'une des mélodies de *Norma,* l'opéra de Vincenzo Bellini.

Selon l'anecdote, le régiment des cosaques utilisait la marche nuptiale de Mendelssohn, à l'initiative de l'empereur Alexandre II (cf. p. 50). Dans le régiment de marche des cosaques on jouait *Gloria* (*Slav'sia*) de Mikhaïl Ivanovitch Glinka[47]. L'artillerie de la Garde possédait la marche allemande *Hohenfriedberger.*

Certains régiments de la Garde disposaient d'orchestres à la composition spécifique, ce qui les distinguait des autres unités, comme la musique du régiment Finlandsky qui ne comportait que des cuivres et conserva strictement cette tradition. Cette musique était constamment invitée au théâtre Mariinsky pour participer aux opéras nécessitant un orchestre militaire parmi les figurants tels *Aïda* de Giuseppe Verdi, *Carmen* de Georges Bizet, *Faust* de Charles Gounod, etc.[48]. Une des composantes les plus importantes de la musique militaire russe sont les chœurs de soldats, qui chantaient en des occasions très diverses. Une célèbre formule, « Les chanteurs, en avant ! », était bien connue et utilisée pendant les fêtes. Au début du XIXe siècle, les meilleurs chanteurs et danseurs servaient au régiment Izmaïlovsky grâce à la contribution non négligeable de son commandant, le général Malioutine.

EN SOCIÉTÉ

Les salons de Saint-Pétersbourg étaient remplis de militaires. Tandis que, à Moscou, « les étudiants se présentaient, à cette époque, en uniques cavaliers des beautés moscovites, qui soupiraient involontairement après les épaulettes et les aiguillettes[49] ». Aux bals pétersbourgeois, les militaires brillaient et occupaient évidemment les premières places parmi les cavaliers et les danseurs. Ils avaient également leurs lieux de promenade préférés. Ainsi, au second étage des magasins du *Passage,* « se trouvaient des appartements privés, dont les propriétaires accrochaient sous le plafond en verre tout proche des cages avec des oiseaux. Les chants de ces derniers résonnaient toujours dans le *Passage* qui était,

♦ Vassili Sadovnikov,
Vue du palais d'Hiver du côté
de l'Amirauté, Russie,
1840-1850. Papier, aquarelle,
24,7 × 37,4 cm. Musée de
l'Ermitage, inv. ЭРР-5514.

on ne sait pourquoi, le lieu de prédilection des membres du *Konvoï* dans leurs pittoresques costumes orientaux[50] ».

Les militaires occupaient également une place considérable dans les salles de théâtre. Au XIXe siècle, seuls les hommes étaient assis au parterre. Les officiers de la Garde préféraient les fauteuils. Dans les loges se trouvaient les dames avec leurs cavaliers et les familles. L'étiquette militaire exigeait que les officiers ne s'asseyassent pas avant le spectacle. Il était, en effet, interdit de s'asseoir si un supérieur était debout. Et puisqu'il était impossible de surveiller le moment d'apparition dans les loges des officiers supérieurs, ou d'un général, les inférieurs préféraient rester debout plutôt que de sauter sans cesse hors de leur fauteuil. D. S. Likhatchev se souvient qu'au théâtre Mariinsky « les officiers snobs arrivaient, en règle générale, pour le deuxième acte. Le prologue de *Don Quichotte* était négligé. Pendant les entractes, ils se pavanaient près de la barrière de l'orchestre et, après le spectacle, les officiers restaient debout devant la sortie des artistes en regardant des dames[51] ».

Naturellement, il existait des lieux de réputation douteuse, qui n'étaient pas recommandés, voire interdits aux officiers. Ainsi est publiée, le 26 mars 1911, une ordonnance pour les armées de l'arrondissement militaire de Saint-Pétersbourg « interdisant, sans condition, à messieurs les officiers, de visiter les clubs privés et assemblées où se pratiquaient des jeux de hasard, mais aussi certains établissements de distraction. La liste mentionne, entre autres, le café-chantant d'hiver *Variété* à l'angle de la rue Gorokhovaïa et du quai Fontanka[52] ».

ESPRITS DE CORPS ET TRADITIONS

Parmi les membres de la Garde, on constate l'existence d'une certaine tradition de fraternité de corps pour se défendre des invectives des supérieurs, grands-ducs inclus. De là une histoire bien connue, associée en règle générale au régiment des chevaliers-gardes, selon laquelle, pendant les campagnes à l'étranger de 1813-1814, le grand-duc Constantin Pavlovitch, commandant du corps de la Garde, a été obligé de s'excuser devant les officiers pour ses brusqueries.

Un élément important du quotidien des régiments de la Garde cantonnés à Saint-Pétersbourg était la rivalité entre unités. Elle s'exprimait de façons diverses et variées. Sur les champs de bataille, les régiments s'enorgueillissaient de leur vaillance et en campagne, de leur endurance. En temps de paix, on rivalisait en courses et en beuveries. L'écrivain militaire V. Krestovsky distinguait deux types de comportement parmi les officiers au temps d'Alexandre Ier : «Dans les régiments des chevaliers-gardes de Preobrajensky et de Semenovsky régnaient un esprit et un ton particuliers. Les officiers desdits régiments appartenaient à la haute société, se distinguaient par l'élégance de leurs manières, par leur raffinement délicat et la courtoisie de leurs rapports. [...] Les officiers des autres régiments faisaient, de temps à autre, des incursions dans la société, préférant la vie communautaire entre camarades. Le régiment des gardes à cheval restait à part, car il observait des traditions mixtes. Mais les hussards et les cosaques de la Garde, le régiment Izmaïlovsky et les lanciers adoptaient un esprit de crânerie insouciante. [...] Les lanciers se liaient fraternellement avec ces derniers régiments, mais avaient surtout de l'amitié pour les officiers de marine[53].»

Dans chaque régiment de la Garde, on recrutait des soldats d'un certain type. Ainsi, pour les soldats du régiment Preobrajensky, on choisissait des bruns, châtains et roux, sans regarder leur beauté. Les critères les plus importants étaient la taille et la constitution herculéenne. Pour le régiment de la Garde à cheval, on prenait de beaux bruns, dont la taille était située entre 182 et 190 centimètres. Dans le régiment Semenovsky, on devait être «propre de visage» et si possible aux yeux bleus, assortis à la couleur du col. Les chevaliers-gardes étaient de même type mais plus sveltes et plus adroits. Les régiments Izmaïlovsky et Grenadersky exigeaient des bruns, les plus beaux pour le premier, les moins gracieux pour le second. Pour les chasseurs on préférait des châtains, larges d'épaules et de visage. Le régiment Moskovsky était composé de rouquins, Pavlovsky, en mémoire de l'empereur Paul Ier, de blonds de taille moyenne, au nez en trompette. Les hussards de Tsarskoe Selo se composaient de bruns sveltes de taille moyenne. Selon ces critères, l'affectation des recrues dans les régiments se déroulait dans la salle des Armoiries du palais d'Hiver ou, le plus souvent, dans un des manèges. La cérémonie débutait à 5 heures. Y assistaient trente ou quarante officiers et les sous-officiers candidats. Un témoin oculaire décrit ainsi la procédure : «En s'approchant de l'homme, placé à droite du rang et, en l'observant attentivement, le commandant du corps levait la main et avec une craie notait sur sa poitrine le signe "I". Au même instant, un colosse, le sous-officier du régiment Preobrajensky, l'attrapait par les épaules et avec un rugissement retentissant "Preobrajensky!" l'envoyait comme une toupie dans le groupe des candidats. Là, il était saisi et accompagné à sa place le long du mur où se trouvaient d'autres représentants de Preobrajensky[54].» Outre les différences typologiques des soldats et les variations des uniformes, les régiments de cavalerie, à partir du XIXe siècle, avaient chacun des chevaux d'une robe particulière.

Enfin, il faut dire quelques mots du dialecte ou jargon spécifique aux corps, que Piotr Viazemsky[55] a appelé « la langue de la Garde[56] ». Iourii Mikhaïlovitch Lotman, historien de la littérature, a écrit : « La langue de la Garde est un phénomène particulier de l'expression orale du début du XIXe siècle. Sa fonction générale reflète bien la place occupée par la Garde dans la vie culturelle de l'époque d'Alexandre Ier. Ce n'est pas "la foule bestiale des tapageurs ivres", "un État qui donne des rois aux terres étrangères, mais dont le propre trône dépend de l'ouverture des tavernes à la foule féroce des tapageurs, chargés de défendre la sécurité de la personne impériale[57]" du temps de Catherine II et la Garde n'est plus le jouet de Nicolas Ier. La Garde du premier quart du XIXe siècle est une concentration d'instruction, de culture et d'indépendance d'esprit, plusieurs fois liée avec la littérature, d'un côté, et avec la mouvance des décabristes, de l'autre[58]. »

Voilà quelques exemples caractéristiques de ce jargon, dont l'auteur fut le commandant du régiment des chasseurs, le comte Andreï Ivanovitch Goudovitch :

Sécher le cristal – boire de l'alcool.
Suer sur la feuille – jouer aux cartes.

◆ Nikolaï Samokiche, *Portrait du grand-duc Nicolas Nikolaevitch (cadet) à cheval*, Russie, 1910-1917. Huile sur toile, 67,5 × 55,5 cm. Musée de l'Ermitage, inv. ЭРЗн.Пр-1036.

On utilisait largement le terme «un grailleux» pour désigner un élégant de la Garde, serré dans son corset. Cette langue, tout comme le folklore militaire, existait non seulement dans le milieu militaire mais s'insérait dans le tissu linguistique des Pétersbourgeois.

«Dans le milieu des officiers il fallait *sécher le cristal,* conformément aux traditions établies. Ce n'est pas par hasard si en même temps que la devise officielle : "Pour la foi, le tsar et la patrie !" existait une formule officieuse : "Ne pas craindre l'ennemi, les supérieurs et le vin !" Ce slogan était largement répandu avant la guerre russo-japonaise, après laquelle les chefs de corps ont tâché de limiter son utilisation et l'on a commencé, petit à petit, à l'oublier[59]. » «En matière de libations, voilà quelques détails, écrit A. L. Sapojnikov, on buvait de la vodka en très petites quantités, pure, en liqueurs ou en ratafias, mais seulement un petit verre ou deux pour l'appétit pendant le petit déjeuner, et avec des zakouski légers avant le déjeuner et dîner ; durant le déjeuner on buvait du vin de marques variées, selon les plats. Quand venaient les toasts, seul le champagne refroidi dans une glacière (un ancêtre du réfrigérateur) était en vigueur. Le champagne aussi était de types différents, pour tous les goûts : doux, demi-doux, demi-sec, sec, et extra-dry[60]. »

Dans les assemblées d'officiers des régiments on utilisait des services particuliers, composés de vaisselle en porcelaine, de couverts en argent, de petits verres (*tcharka*), etc. Parmi eux se trouvaient des objets offerts ou fabriqués expressément, sur commande, à l'occasion des fêtes ou des anniversaires régimentaires. Dans les régiments de la cavalerie lourde, étaient populaires des casques propres au régiment, en argent, lesquels, retournés, devenaient des récipients pour les boissons. Les casques de petite taille pouvaient servir comme verre à vodka (*stopka*) et comme bouchon.

Nous n'avons fait qu'effleurer un thème qui participait au XIXe siècle de la physiologie de Saint-Pétersbourg, pour donner une idée générale de son importance dans l'histoire de la capitale de l'Empire russe.

NOTES

1. Cathédrale construite en 1827-1829 par l'architecte Vassili Petrovitch Stassov.
2. Cathédrale construite en 1828-1835 par V. P. Stassov.
3. Caserne construite en 1800, par l'architecte Luigi Rusca.
4. Caserne construite en 1817-1819 par V. P. Stassov.
5. Monument construit en 1830-1837 par le sculpteur Boris Ivanovitch Orlovsky.
6. Arc construit en 1827-1834 par V. P. Stassov.
7. Arc construit en 1834-1838 par V. P. Stassov.
8. Arc construit dans les années 1820 par l'architecte Karl Ivanovitch Rossi.
9. Monument construit en 1788-1801 par le sculpteur Mikhaïl Ivanovitch Kozlovsky.
10. Obélisque construit en 1799 par l'architecte Vincenzo Brenna.
11. Colonne construite en 1830-1834 par Auguste Montferrand.
12. Colonne construite en 1774-1778 par l'architecte Antonio Rinaldi.
13. Du nom allemand *Vorstadt,* faubourg de forteresse (N.D.T.).
14. Boulevard des Gardes-à-cheval (N.D.T.).
15. D'après le nom du régiment d'infanterie L. G. Semenovsky (N.D.T.).
16. Cathédrale construite en 1796-1800 par l'architecte Fedor Ivanovitch Demertsov.
17. Г. Пушкарев, *Описание Санктпетербурга и уездных городов С.-Петербургской губернии* [G. POUCHKAREV, *Description de Saint-Pétersbourg et des villes du district de Saint-Pétersbourg*], vol. I, Saint-Pétersbourg, 1839, p. 70.
18. Г. К. Лукомский, *Старый Петербург* [G. K. LOUKOMSKY, *Le Vieux Pétersbourg*], 2e éd., Pétrograd, 1917, p. 24.
19. *Ibid.,* p. 16.
20. *Ibid.,* p. 18.
21. *Ibid.,* p. 19.
22. A. S. POUCHKINE, « Cavalier de bronze », *in Rousslan et Ludmila, suivi d'autres récits en vers,* trad. et présentés par Léonid et Nina MINOR [S.l.], 1999, p. 135.

23. А. Горин, М. Горин, *Путешествие в пушкинский Петербург* [A. Gorine, *Voyage dans la Saint-Pétersbourg de Pouchkine*], Léningrad, 1983, p. 76.

24. *Ibid.*, p. 76.

25. А. А. Игнатьев, *Пятьдесят лет в строю* [A. A. Ignati'ev, *50 années dans les rangs*], Moscou, 1948, p. 76-77.

26. Il s'agit en réalité des dolmans, et non des pelisses (N.D.T.).

27. А. Белый, *Петербург* [A. Bely, *Pétersbourg*], Léningrad, 1981, p. 111.

28. Nom poétique donné par A. Pouchkine au monument à Pierre Ier, œuvre des sculpteurs E. Falconet et M.-A. Collot (N.D.T.).

29. А. Л. Осипов, Р. Д. Тименчик, *Печальну повесть сохранить* [A. L. Ossipov, P. D. Timentchik, *Conserver le récit triste...*], Moscou, 1987 ; *Город над морем или Блистательный Санкт-Петербург : Воспоминания. Рассказы. Очерки. Стихи / Сост. С. А. Прохватилова* [*La ville au-dessus de la mer ou Saint-Pétersbourg splendide : Mémoires. Récits. Essais. Poèmes, sous la dir. de S. A. Prokhvatilova*], Saint-Pétersbourg, 1996, p. 14.

30. « Тревога войскам, расположенным в Петербурге, сделанная 20 декабря 1872 » [« Alerte aux troupes cantonnées à Saint-Pétersbourg, le 20 décembre 1872 »], *in Всемирная иллюстрация* [*L'Illustration mondiale*], n° 212, 20 janvier 1873, p. 58.

31. А.Н. Бенуа, *Мои воспоминания* [A. N. Benoît, *Mes souvenirs*], vol. I-III, Moscou, 1980 p. 19.

32. А. Ф. Кони, *Петербург : Воспоминания старожила* [A. F. Koni, *Pétersbourg : Souvenirs d'un ancien habitant*], Moscou, 2003, p. 14.

33. *Ibid.*, p. 51-52.

34. А. П. Ермолов, *Записки о 1812 годе генерала Ермолова* [A. P. Ermolov, *Souvenirs de l'année 1812 du général Ermolov*], Moscou, 1983, p. 2.

35. A. Griboedov, *Du malheur d'avoir de l'esprit*, trad. André Markowicz, Paris, 2007, p. 60.

36. А. Н. Бенуа, *Мои воспоминания* [A. N. Benoît, *Mes souvenirs*], *op. cit.*, p. 20.

37. Д. С. Лихачев, *Заметки и наблюдения : из записных книжек разных лет* [D. S. Likhatchev, *Notes et observations : D'un bloc-notes de diverses années*], Léningrad, 1989, p. 32.

38. Ф. Булгарин, *Воспоминания* [F. Boulgarine, *Souvenirs*], Moscou, 2001, p. 88-89.

39. A. Pouchkine, *Eugène Onéguine,* trad. André Marcowicz, Paris, 2005, p. 41.

40. Г. Р. Державин, *Сочинения* [G. R. Derjavine, *Œuvres*], t. 6, Saint-Pétersbourg, 1871, p. 413.

41. А. Н. Бенуа, *Мои воспоминания* [A. N. Benoît, *Mes souvenirs*], *op. cit.*, p. 20.

42. П. П. Карцов, « Лейб-Гвардии Семеновский полк в царствование Императора Павла и Александра I » [P. P. Kartsov, « Le régiment Semenovsky de la garde impériale durant les règnes des empereurs Paul et Alexandre Ier»] *in Русская старина* [*Antiquités russes*], t. XXXVIII, 1883, p. 331.

43. Compositeur français, Boieldieu occupa, en 1803-1811, le poste de maître de chapelle de la Cour à Saint-Pétersbourg (N.D.T.).

44. Il s'agit de l'épouse de Nicolas Ier (N.D.T.).

45. Il s'agit du futur Alexandre II (N.D.T.).

46. И. Р., « Гессенский марш » [I. R., « La marche de Hesse »], *in Военная быль* [*Vécu militaire*], n° 46, janvier 1961, p. 30.

47. Air tiré de l'opéra *Une vie pour le tsar* (N.D.T.).

48. П. Волошин, « Русские военные оркестры » [P. Volochine, « Les orchestres militaires russes »], *in Военная быль* [*Vécu militaire*], n° 56, janvier 1962, p. 38-39.

49. М. Ю. Лермонтов, *Княгиня Лиговская* [M. Iu. Lermontov, *La Princesse Ligovskaïa*], chapitre v.

50. А. Ф. Кони, *Петербург : Воспоминания старожила* [A. F. Koni, *Pétersbourg : Souvenirs d'un ancien habitant*], *op. cit.*, p. 63-64.

51. Д. С. Лихачев, *Заметки и наблюдения : из записных книжек разных лет* [D. S. Likhatchev, *Notes et observations : D'un bloc-notes de diverses années*], *op. cit.*, p. 35.

52. Л. Сидоренко, « Офицерам вход воспрещен » [L. Sidorenko, « Entrée interdite aux officiers »], *in Санктпетербургские ведомости* [*Bulletin de Saint-Pétersbourg*], 16 mai 1998.

53. В. Крестовский, « Уланы цесаревича Константина : Эпизод из истории Уланского Его Величества полка » [V. Krestovsky, *Les Lanciers de Sa Majesté l'héritier du trône : un épisode de l'histoire du régiment des lanciers de Sa Majesté l'empereur*], *in Русский вестник* [*Le Messager russe*], n° 12 (120), 1875.

54. Ю. Макаров, *Моя служба в старой гвардии,* 1905-1917 [Iu. Makarov, *Mon service dans l'ancienne Garde*], Buenos Aires, 1951, p. 76.

55. Piotr Viazemski, poète et critique littéraire, ami d'A. Pouchkine (N.D.T.).

56. П. А. Вяземский, *Полное собрание сочинений* [P. A. Viazemsky, *Œuvres complètes*], Saint-Pétersbourg, 1878-1896, t. VII, p. 139.

57. Д. И. Фонвизин, *Рассуждение о непременных государственных законах* [D. I. Fonvisine, *Réflexions sur les lois d'État obligatoires*], *in* D. I. Fonvisine, *Собрание сочинений* [*Œuvres*], t. II, Moscou, 1959, p. 264 (N.D.T.).

58. Ю. М. Лотман, « К функции устной речи в культурном быту пушкнской эпохи » [Iu. M. Lotman, « À propos de la fonction de l'expression orale dans le quotidien littéraire de l'époque de Pouchkine »], *in Ученые записки Тартусского Государственного Университета* [*Mémoires scientifiques de l'université de la ville de Tartu*], fasc. 481, Tartu, 1979, p. 107-120.

59. А. Л. Сапожников, « Гвардейский офицер » [A. L. Sapojnikov, « L'officier de la Garde »], *in Дворянский вестник* [*Le Messager de la noblesse*], n° 2 (3), 1993, p. 5.

60. *Ibid.*

Au sein de l'Ermitage : le musée de la Garde impériale

G. V. VILINBAKHOV
S. L. PLOTNIKOV
Musée de l'Ermitage

C'est en décembre 2003, dans le bâtiment de l'État-Major à Saint-Pétersbourg, que les salles d'exposition du musée de la Garde impériale ont été ouvertes au public. Leur inauguration clôturait, et ce n'est pas un hasard, le cycle des événements consacrés au tricentenaire de la ville de Saint-Pétersbourg organisés au sein de l'Ermitage. Car Saint-Pétersbourg a, pendant plus de deux cents ans, joué le rôle de capitale militaire de la Russie. Les régiments de la garde impériale qui y cantonnaient constituaient un élément clef de l'ambiance militaire qui régnait dans la ville.

Le nouveau musée de la Garde impériale avait été préfiguré par la grande exposition «Pour la foi et la fidélité», organisée en l'an 2000 à l'occasion des commémorations du tricentenaire de la création de la Garde. Cette manifestation, qui s'est déroulée dans les salles de la galerie de la Neva au sein du palais d'Hiver, avait été coorganisée par le musée de l'Ermitage, le Musée russe, le Musée militaire et historique de l'artillerie, du génie et des communications, le musée central de la Marine, le musée d'État A. V. Souvorov, les musées et domaines de Tsarskoe Selo, Peterhof et Pavlovsk. C'est alors que fut prise la décision de créer, à partir de l'exposition, un musée permanent au sein de l'Ermitage.

Néanmoins, l'ouverture permanente au public du musée de la Garde n'aurait pas été possible sans de nombreux dons émanant d'institutions ou de personnes privées. Ces donations ont permis le retour, après de longues années d'absence, de reliques précieuses conservées hors des frontières russes. Des descendants des membres du régiment Preobrajensky ont ainsi offert au musée de l'Ermitage un portrait de Pierre Ier. Ils ont également, depuis peu, accepté le transfert au musée de la Garde impériale des objets du musée du régiment Preobrajensky de la Garde, conservés jusqu'alors à Paris. Monsieur M. G. Iellatchitch a contribué au retour des deux drapeaux du régiment Preobrajensky, datés du XVIIIe siècle, dont l'un a été offert et l'autre acquis avec le soutien du président B. N. Eltsine. Les princes N. R. et D. R. Romanov ont cédé l'étendard personnel du grand-duc Nikolaï Nikolaevitch l'Aîné et son sabre dit «de Saint-Georges». Autrefois conservé aux États-Unis, l'étendard du régiment des lanciers de Sa Majesté l'empereur est revenu en Russie à l'initiative des descendants de ses gardiens, la famille de Boris Iordan et Elena Bogolubova. O. B. Liovchina a offert au nouveau musée les archives du régiment des cuirassiers de Sa Majesté l'impératrice, déposées jusque-là aux Archives nationales de France, à Paris. De Londres est venu le drapeau dit « de Saint-Georges » du régiment des grenadiers. Ce dernier avait quitté la Russie en 1920 avec des officiers de la garde impériale avant de se voir confier aux soins du régiment des grenadiers de la garde royale anglaise. L'emblème a été solennellement remis à l'État russe en 2003, lors d'une visite officielle de M. V. V. Poutine au Royaume-Uni. Enfin, A. D. Chmeman a offert au musée de la Garde impériale un jeton d'officier du régiment Semenovsky.

L'exposition, déployée dans les cinq salles de l'aile Est du bâtiment de l'État-Major, embrassait l'histoire de la Garde du début du XIXᵉ au début du XXᵉ siècle. Deux cents objets environ – uniformes, pièces d'équipement, emblèmes, souvenirs de régiments, peintures, œuvres graphiques, objets d'art et pièces numismatiques ainsi que divers documents – y représentaient l'histoire glorieuse et tragique de la garde impériale russe, depuis l'époque d'Alexandre Iᵉʳ jusqu'au départ de la Garde pour la Première Guerre mondiale. Au long de cette période, les membres de la garde russe ont participé à toutes les guerres menées par la Russie et se sont couverts de gloire sur plusieurs champs de bataille.

Les drapeaux et étendards des régiments de la garde impériale conservés au musée en gardent le souvenir, à travers les mentions commémorant les batailles au cours desquelles ces unités se sont illustrées.

Les uniformes de la Garde, omniprésents dans l'exposition, se distinguent par leur beauté et leur élégance ; toutefois, leurs ornements n'ont pas seulement une fonction décorative, car ils ont tous une signification. Ainsi, des agréments en galon de laine jaune sur les boutonnières du col et des parements révèlent-ils l'appartenance d'un habit à un soldat de la garde impériale. Quant aux officiers des régiments de la Garde, ils se distinguent par la couleur et le dessin des broderies du col.

La Garde a joué un rôle considérable dans la vie sociale de la Russie, particulièrement à Saint-Pétersbourg. Les officiers de la Garde sont présents sur presque tous les tableaux et gravures illustrant la vie quotidienne de la capitale, qu'il s'agisse de bals mondains, de fêtes populaires ou de simples scènes de rue. Par ailleurs, la Cour était imprégnée de l'esprit de la Garde : durant le XIXᵉ siècle, la tenue habituelle des empereurs et des grands-ducs a été l'uniforme de l'un des régiments de la garde impériale. Les tenues leur ayant appartenu ont été soigneusement conservées au palais d'Hiver et certaines d'entre elles sont aujourd'hui exposées dans les vitrines du musée de la Garde.

À l'heure actuelle, le bâtiment de l'État-Major est fermé pour travaux et l'exposition a été démontée, mais à l'issue de ces opérations de restauration et de rénovation, le musée de la Garde impériale rouvrira ses portes avec une exposition enrichie de deux sections consacrées, pour l'une, au XVIIIᵉ siècle et, pour l'autre, à la participation des membres de la Garde à la Première Guerre mondiale.

Le régiment des cosaques de l'empereur de la garde impériale et son musée

A. BOBRIKOFF
Musée du régiment
des Cosaques de
S.M. l'empereur

♦ À l'occasion du jubilé de la Garde à Saint-Pétersbourg, en décembre 2000, les descendants de plusieurs régiments de la Garde participèrent à une cérémonie commémorative, tenant d'anciens emblèmes des unités où servirent leurs ancêtres. Magistralement organisé par la direction du musée de l'Ermitage avec en tête MM. Piotrovsky et Vilinbakhov, ce tricentenaire de la Garde marqua les esprits.

La fondation du régiment des cosaques de la garde impériale remonte au règne de Catherine II. En 1775, à la demande du comte Potemkine (il sera fait prince un peu plus tard), un détachement de soixante-cinq cosaques d'élite est envoyé à Moscou pour servir d'escorte à l'impératrice Catherine II. Placé sous le commandement d'Orlov Ier, ce détachement est relayé par un second qui est installé à Saint-Pétersbourg, avec un escadron de hussards et un détachement de cosaques de Tchougouïev, ils forment l'escorte impériale. Devenu régiment en 1796, il participe à tous les événements militaires de la Russie : campagne des Indes sous le règne de Paul I[er][1], guerres napoléoniennes et campagne de Russie avec une charge mémorable d'un escadron de cosaques nus sur l'avant-garde de Napoléon (c'était en août 1812, il faisait encore chaud, il fallait traverser une rivière). À la bataille de Leipzig, le régiment sauve les souverains alliés (Alexandre Ier, François Ier d'Autriche, Frédéric-Guillaume III de Prusse) des griffes de la cavalerie de La Tour-Maubourg. En 1814, ils entrent en tête des troupes russes dans Paris et campent sur les Champs-Élysées.

Les cosaques qui ont vaincu Napoléon sont une attraction très courue par les Parisiens, tout particulièrement par les « Merveilleuses » ou leurs descendantes qui apprécient ces cavaliers venus de loin, habillés de beaux uniformes rouges. Ils sont partout et escortent Alexandre Ier lors de sa visite à Joséphine de Beauharnais au château de Rueil-Malmaison[2].

En récompense du courage et de l'abnégation dont le régiment a fait preuve pendant les campagnes de 1812 et 1813, Nicolas Ier lui attribue une fanfare de trompettes de récompense en argent, la seule préservée dans son intégralité de nos jours (cat. 144).

Présent à Saint-Pétersbourg, le régiment assure l'escorte des empereurs. Nicolas Ier, à sa demande, est enterré dans l'uniforme du régiment des cosaques de la Garde, alors que tous les empereurs étaient traditionnellement enterrés dans l'uniforme du Preobrajensky, premier régiment de la garde impériale créé par Pierre le Grand. En effet, le régiment des cosaques de l'empereur était le seul régiment à ne pas avoir eu d'officiers impliqués dans la révolte des décabristes en 1825. À son avènement au trône, l'empereur Alexandre II fait don au régiment de divers objets ayant trait à son père, dont un rare daguerréotype montrant Nicolas Ier sur son lit de mort. La grande tenue de l'empereur Nicolas Ier manque donc dans les collections régimentaires, et pour cause.

En 1877-1878, la Russie est à nouveau en guerre contre la Turquie : la guerre de libération des Balkans. Les régiments de la Garde partant pour les Balkans défilent devant Alexandre II, qui, en voyant passer les cosaques, s'exclame : « Ils partent à la guerre comme s'ils allaient à la noce. » Depuis cette date, la marche nuptiale de Mendelssohn est la marche du régiment. À plusieurs reprises, les cosaques du régiment vont prouver qu'Alexandre II ne s'est pas trompé dans son jugement et leur courage dans cette difficile campagne vaudra au régiment une banderole de distinction portée sur la *papakha* avec l'inscription « Pour Lovtcha[3] ». Les cosaques de l'empereur sont stationnés au début de la Première Guerre mondiale au quartier général du grand-duc Nikolaï Nikolaevitch, oncle du tsar et commandant en chef sur le front de l'Ouest (cf. ill. p. 43). Entre 1914 et 1917, le régiment perd plus de la moitié de son effectif. Reconstitué et complété en 1918, il termine la guerre civile en ayant encore une fois perdu plus de 50 % de ses effectifs en hommes du rang et officiers. Le régiment combat jusqu'au bout au sein de l'armée blanche mais est obligé de quitter sa patrie, son Don paisible, et de rembarquer parmi les derniers en Crimée. Après un séjour sur l'île de Lemnos, le régiment toujours soudé va travailler un temps en Serbie puis en 1924 obtient un contrat de travail pour la France.

Dès le début de son histoire, les officiers du régiment décident de créer un musée, une salle d'honneur au sein du mess où ils viennent déjeuner ou dîner et où sont reçus les empereurs et les personnalités en visite. Cadeaux des souverains russes, d'autres régiments pour des commémorations, dons des officiers et de leurs familles, souvenirs, tableaux, portraits, argenterie, décorations, uniformes ont été rassemblés et présentés dans ce que l'on appela le musée du Régiment. Les étendards et les uniformes impériaux font aussi partie de ces collections prestigieuses.

En 1917, quand ont éclaté les premiers désordres et la révolution de Février, le général Grekov, qui commandait alors le régiment, a fait emballer tout le musée. L'argenterie et l'ensemble des caisses ont été expédiés sous la garde de cosaques et de deux officiers à Novotcherkassk, capitale des cosaques du Don.

Quand l'armée rouge a marché sur Novotcherkassk, l'ensemble a été envoyé à Istanbul avec sa Garde. À la fin de la guerre civile, quand le régiment a quitté la Russie, toujours en ordre de bataille, son musée l'a suivi en Serbie, où les hommes travaillent sur des chantiers, construisant routes et voies de chemin de fer. En 1924, le régiment, ou ce qu'il en reste, arrive en France, à Paris, et travaille à la gare de l'Est, charge et décharge les wagons. Les cosaques vivent chichement dans des baraques et économisent l'argent pour rapatrier le musée à Paris. En 1929, aidés par le général américain Scheryl et un sénateur, ils louent un hôtel particulier à Courbevoie et font venir leur musée qu'ils installent dans ce nouveau site. Le général Ilia Nikolaevitch Opritz organise le musée, met en place le fonctionnement de l'Association des officiers du régiment des cosaques de l'empereur de la garde impériale. Ce pavillon, qui est loué, n'est pas seulement le siège de l'association (déclarée loi de 1901). C'est à la fois le musée des collections sauvées par la volonté de tous, un foyer et un centre d'accueil, de séjour et d'aide pour tous les anciens, simples cosaques ou officiers du régiment. Une école de formation d'officiers (la relève) est mise en

♦ Tous les ans, le 17 octobre, un «moleben», avec la sortie des étendards, précède la fête régimentaire des cosaques de l'empereur en leur musée de Courbevoie. Intense moment d'émotion précédant la chaleureuse ambiance de la soirée.

place ; y sont formés les futurs cadres d'une Russie libérée du joug communiste. En 1936, avec l'arrivée du Front populaire en France, par crainte pour l'avenir des collections, une partie du musée est mise en dépôt au Musée royal de l'armée belge à Bruxelles. Parmi les pièces conservées en Belgique, on y trouve notamment une grande coupe en argent (40 kg) offerte en 1913 pour le centenaire de la bataille de Leipzig, une fanfare complète de trompettes de récompense en argent (cat. 144) – fanfare unique au monde –, les uniformes des empereurs (cat. 129-130) et de l'argenterie. Toutes ces pièces restent la propriété de l'association.

En 1949, l'hôtel particulier est acheté par l'association. Outre le musée qui va en s'agrandissant par l'apport de dons, collections et autres souvenirs des régiments de l'ancienne armée impériale russe, il contient une grande bibliothèque historique et militaire, de nombreuses archives, une collection unique de photos.

Réunions, soirées dansantes, bals se succèdent et permettent à l'association de subvenir aux frais d'entretien du pavillon. Tous les grands noms de l'émigration sont passés dans ses murs : Koutepov, Miller, Wrangel, les grands chefs des armées blanches, mais aussi les grands-ducs de Russie et des personnalités françaises : le maréchal Koenig, MM. Bokanovski et d'autres.

Actuellement, c'est un lieu de réunions et de commémoration pour d'autres associations d'émigrés russes. S'il n'y a plus de bals ni de soirées dansantes, il y a en revanche de plus en plus de visites organisées, conférences, échanges avec les autres musées du département, stages de formation et même des conventions passées avec des musées tels que l'Ermitage de Saint-Pétersbourg et des prêts au musée de la Légion d'honneur.

De nombreux travaux ont été faits avec l'aide de Veolia Eau, SDEL Vinci et une subvention du Premier ministre russe Vladimir Poutine, après sa visite au musée en mai 2008.

La vie de l'association et du musée reste fondée sur le bénévolat, le dévouement des membres et l'aide des «Amis du Musée».

NOTES

1. Cette campagne décidée en accord avec Bonaparte visait à prendre la colonie anglaise à revers, par l'Afghanistan, et les troupes cosaques se mirent en route y compris les cosaques de la Garde. L'assassinat de Paul Ier, très certainement à l'instigation de l'Angleterre, mettra un terme à cette campagne qui promettait d'être pour le moins exotique.

2. Ayant reçu Alexandre en tenue trop légère, Joséphine prendra froid et en mourra.
3. Pendant le long et sanglant siège de Plevna, clé de la campagne, la petite ville de Lovtcha est prise aux Turcs, isolant ainsi Plevna totalement.

La garde impériale et son patrimoine en émigration

G. GOROKHOFF
Trésorier de l'Association
du régiment, auteur
d'ouvrages sur l'histoire
militaire russe

♦ Église régimentaire des Chevaliers-Gardes à Saint-Pétersbourg où étaient conservés pieusement les anciens étendards retirés du service. Cette vue donne par ailleurs une idée de la richesse de certaines églises appartenant à des régiments anciens et prestigieux : icônes, bannière d'église, objets de culte… autant de pièces formant le patrimoine d'une unité.

En 1914, la Garde représente treize régiments d'infanterie et treize de cavalerie (dont trois cosaques), s'y ajoutent l'artillerie, les sapeurs, l'Équipage de la garde, le régiment des chemins de fer, ce qui représente une force considérable.

On le sait, lors de la guerre civile, nombre d'unités de volontaires venant de la Garde, réduites à des bataillons ou à des compagnies, reprendront le combat avec les armées blanches.

En émigration, les anciens membres de la Garde vont se regrouper en de nombreuses amicales fédérées au sein du R.O.V.S. ou «Union générale des associations des anciens combattants russes en France». Cette Union fédère, outre la France et ses colonies, les associations de Finlande, Danemark, Pays-Bas, Pologne, Italie, Espagne, Angleterre, Suède, Norvège, Suisse, Égypte, Syrie et Perse.

D'autres «filiales» du R.O.V.S. regroupent les amicales des autres pays (six) : Amériques, Canada et Australie, Tchécoslovaquie, Belgique-Luxembourg, Yougoslavie-Grèce-Roumanie, Bulgarie-Turquie, Allemagne-Autriche-Hongrie-Lituanie-Estonie-Lettonie-Dantzig et Extrême-Orient.

Au début des années 1930, l'Union de la Garde, sous la présidence d'honneur de Son Altesse impériale le prince Alexandre Petrovitch d'Oldenbourg et présidée par le général de cavalerie A. M. Kaufmann-Tourkestansky, regroupe les amicales des différents régiments.

Parcourir leur liste revient à parcourir l'annuaire de la Garde, toutes les unités y sont. On remarque que presque tous les sièges de ces amicales sont à Paris ou dans la région parisienne, même si pour le L. G. Moskovsky le président réside à Londres et si le siège du L. G. 1er tirailleurs est à Florence tandis que les lanciers de l'impératrice sont en Allemagne. Le Midi abrite également un certain nombre d'amicales (L. G. Finlandsky, Kekholmsky, gardes à cheval, Atamansky, division d'artillerie lourde).

La garde impériale et son patrimoine en émigration

On le voit, nombreux étaient donc les anciens membres de la Garde, soldats et surtout officiers, à vouloir maintenir entre eux le souvenir des gloires passées de leurs régiments (et espérant bien sûr leur retour en Russie). Certaines unités avaient eu la chance d'évacuer à temps tout ou partie de leur patrimoine historique (L. G. cosaques de l'empereur). Avec des moyens divers plusieurs musées régimentaires vont voir le jour, préservant précieusement les reliques rapportées de Russie. Citons le musée-lieu de rencontre du L. G. Atamansky à Saint-Cloud, un petit musée du Preobrajensky, celui des gardes à cheval à New York et d'autres moins importants mais tout aussi précieux.

De nombreux drapeaux et étendards (certains de la Garde) seront déposés à l'église russe de Belgrade après l'évacuation des armées blanches où ils seront récupérés par les Soviétiques en 1945. Ils ne subiront heureusement pas le sort des emblèmes nazis traités comme trophées, ils seront préservés avec respect et réintégreront les collections des musées russes.

Des collectionneurs privés vont réunir, et par là même sauver, nombres de pièces de la Garde. Quelques noms sont aujourd'hui célèbres dans les milieux spécialisés car ils ont non seulement créé des collections mais également publié des études sur différents thèmes alors absolument méconnus. Des E. Mollo, S. Andolenko, P. Pachkoff ont beaucoup fait pour le souvenir de la Garde en émigration, sans oublier bien sûr W. Zweguintzow, dont l'œuvre couvre l'ensemble de l'armée russe.

Ces collections privées sont aujourd'hui éparses, d'autres collectionneurs ont repris le flambeau, ou bien elles ont été transmises à des musées, telle la fabuleuse collection du Musée royal de l'armée à Copenhague ou du musée royal de l'Armée et d'Histoire militaire à Bruxelles, sans oublier bien sûr les Invalides à Paris. De même, la plupart des musées régimentaires ont dû, avec le temps, fermer leurs portes, parfois avec des conditions difficiles. La disparition inévitable des anciens au cours des dernières décennies leur a porté un coup fatal, la relève n'avait assurément pas été préparée. Cependant il est réconfortant de voir que quand des descendants font l'effort (à la retraite souvent) de faire revivre des associations, certains musées peuvent ressusciter tel le L. G. Atamansky, ou, en se regroupant, prendre un nouvel élan, telle l'Artillerie à cheval. Ces diverses collections sont maintenant regroupées en France au sein du musée du régiment des Cosaques de S.M. l'empereur où se réunissent également les membres de l'Union de la Garde, dernière association fédérant les descendants des divers régiments.

L'ouverture, il y a quelques années à Saint-Pétersbourg, d'une filiale de l'Ermitage consacrée à la présentation des souvenirs et reliques de la garde impériale est évidemment une nouvelle possibilité de préservation de ces reliques quand les structures locales n'existent plus.

♦ Repas régimentaire des cosaques du régiment Atamansky de la Garde en émigration dans le sud de la France dans les années 1920. Avec les moyens du bord, on s'efforce de recréer l'ambiance de Saint-Pétersbourg en décorant ces nouveaux «mess» de représentations de tableaux ou de copies des pièces restées en Russie.

Le colonel et le conservateur
Collections russes du musée de l'Armée

É. ROBBE
Musée de l'Armée

La scène se passe à la fin des années 1930, à Paris, devant le bureau d'un conservateur du musée de l'Armée.

> Qu'est-ce qu'il attend pour nous faire entrer ? Si on m'avait dit, il y a quelques années, que je solliciterais d'un conservateur des Invalides la grâce de pouvoir léguer à l'État français ma collection de souvenirs militaires de Russie, j'aurais éclaté de rire au nez de l'impertinent. Eh bien, [...] tout arrive. Me voici dans l'antichambre. Avec mon catalogue. Comme un quémandeur !

C'est ainsi qu'est reçu aux Invalides le colonel Arapoff[1], ancien commandant du 5e régiment de hussards Alexandriisky, accompagné de son neveu, dans un roman de Henri Troyat[2]. Les choses empirent lorsque les deux protagonistes rencontrent enfin le conservateur. Au colonel, qui propose de léguer à l'État français l'intégralité des armes, uniformes et décorations réunis au sein du musée de son ancien régiment, ce dernier répond qu'il n'a jamais entendu parler de l'unité. Et lorsqu'il entend que le don ne comprendrait que des souvenirs de l'armée impériale russe, le malaise s'accroît. Certes, la collection de ce petit musée est « curieuse, touchante » et possède pour les Russes une « valeur émotive inestimable », il n'en reste pas moins que le musée de l'Armée n'a plus de section consacrée aux armées étrangères depuis la création d'une salle sur la Grande Guerre, que la valeur du legs est limitée car les objets n'ont pas « appartenu à des personnages illustres » et que, de plus, personne n'a appuyé cette démarche... Pour le conservateur, l'affaire est entendue. « Il est inutile de déranger le Conseil d'administration », d'autant qu'il est vrai, le don est grevé d'une clause restrictive très délicate : le musée de l'Armée en l'acceptant s'engagerait à le restituer dans son intégralité « à un musée russe dès que le gouvernement soviétique serait renversé et remplacé par un gouvernement impérial ».

♦ Musée de l'Armée, salle des Alliés : vitrines des chevaliers-gardes, vers 1971.

Au-delà de la caricature d'inspiration manifestement courtelinesque, ce texte est révélateur d'un malentendu aujourd'hui dissipé, où il faut voir l'un des multiples effets de la tension et des quiproquos qui ont affecté le dialogue franco-russe pendant plusieurs décennies au cours du XXe siècle.

DEUX TÉMOINS

Pour en décrypter les enjeux et les ressorts, il n'est pas inutile d'évoquer le parcours de deux figures qui ont occupé dans l'affaire un rôle de premier plan et dont les efforts conjugués, au lendemain de la Seconde Guerre mondiale, ont permis de surmonter près de trente années de défiances franco-russes.

Issu d'une famille de tradition militaire, Serguëï Andolenko (1907-1973) perd en 1914 son père, dragon dans l'armée impériale ; après la Révolution, il suit sa famille en France. En 1924, il entre à Saint-Cyr parmi les élèves étrangers de la « promotion du Rif ». Quatre autres sujets de l'ancien Empire russe en font partie, notamment Nicolas Roumiantzoff (1906-1988)[3] et le prince Dimitri Amilakvari (1906-1942), figure légendaire de la Légion étrangère[4], avec lequel il conserve des liens forts. Il sert aux 1er, 3e, 4e, 5e et 6e régiments étrangers d'infanterie. Naturalisé français en 1928, il participe à la campagne du Maroc, à la Seconde Guerre mondiale, puis commande le 5e REI de 1956 à 1958. Titulaire de neuf citations, dont cinq à l'ordre de l'armée, commandeur de la Légion d'honneur, il est également l'auteur de nombreux ouvrages sur l'histoire des armées russe et française. Pour tout cela, et pour sa participation pendant près de seize ans à la création des salles russes, le musée de l'Armée lui devait au moins un hommage appuyé.

Le parcours de Henry Blanc (1889-1967) est tout aussi exceptionnel[5]. Sous-lieutenant de réserve, il termine la Grande Guerre avec le grade de capitaine et six citations. Docteur en droit, diplômé de Sciences politiques (études germaniques et langues orientales), professeur à l'École supérieure de guerre, il entre dans l'armée d'active en 1919. Il sert dans l'infanterie puis, en 1939, dans l'état-major de l'armée comme lieutenant-colonel. Prisonnier en 1940, rapatrié, il dirige le Service historique de l'Armée de Terre (1941-1944). Sous-directeur (1946-1951), puis directeur (1951-1964) du musée de l'Armée, il préside à sa renaissance aux termes d'une délicate mission en Allemagne et en Autriche. Sous son impulsion, le musée s'accroît de nouvelles salles pour le Second Empire et la période contemporaine jusqu'en 1939. Son œuvre inlassable est aussi pour beaucoup dans les spectaculaires acquisitions de la période (collections de Guise, Dépréaux, Pauilhac).

DÉFIANCES FRANCO-RUSSES, 1920-1953

À travers l'action de ces deux hommes d'exception, l'accueil de collections russes au sein du musée de l'Armée est indissociable des liens complexes et ambivalents que la France a pu nouer d'une part avec ce qui restait de la Russie impériale, dont elle était l'alliée depuis 1893, d'autre part avec la jeune Union soviétique. En 1971, le général Andolenko, revenant sur les origines de l'accueil mitigé réservé par la France aux émigrés russes dans les années 1920, note que « dans l'opinion générale, la trahison de Brest-Litovsk a effacé le souvenir des services rendus et des sacrifices consentis par l'armée impériale[6] ». Il faut assurément nuancer cette opinion, tant elle fait peu de cas, notamment, de la vague de « russomanie » qui, sous l'influence de la communauté russe établie en France, a marqué la peinture, la musique et la littérature de notre pays dans l'entre-deux-guerres, mais elle reflète parfaitement le malaise politique qui a, par ailleurs, pesé sur les émigrés.

Mutatis mutandis, cet état de faits n'est pas particulier à la France. Ainsi, pourrait-on comparer le sort des Russes réfugiés en France à celui que rencontrèrent les ressortissants russes arrivés en Pologne, autre grande terre d'exil au lendemain de la guerre civile, aggravée par la famine de 1921-1922 en Ukraine[7].

Paradoxe, donc, que cette situation qui aurait dû conduire à la bienveillance à l'égard des émigrés et en fit, pour une part, les otages ou au moins les victimes. En 1920, la France a reconnu le gouvernement du général Wrangel en Crimée. Entre 1922 et 1927, menant une politique active sur le plan international en faveur des réfugiés, notamment à travers les activités du Haut Commissariat aux réfugiés, elle passe pour le premier pays d'accueil en Europe. Mais peu à peu, dans un contexte de crise économique et de stabilisation du gouvernement soviétique, la situation se fige. À partir de 1924, la reconnaissance officielle de l'URSS et le désespoir ou la résignation poussent la communauté à se replier sur elle-même. Ainsi naît une « Russie hors frontières » qui, malgré des composantes diverses et inconciliables, se veut dépositaire de la mémoire et de la culture de la société russe d'avant la (les) Révolution(s), aussi bien que ferment d'une renaissance espérée[8]. Cela vaut particulièrement pour les associations militaires « dont le but était de préserver les structures et les valeurs de l'armée (discipline, formation militaire, patriotisme, fidélité au tsar…), afin d'être prêts le moment venu pour reconquérir la Russie[9] ».

Dans ce contexte, il est longtemps inenvisageable pour les émigrés de se dessaisir des objets qui les ont suivis en exil. D'autre part, les relations franco-soviétiques ne favorisent guère une politique active de la part du musée de l'Armée qui adopte, en apparence au moins, une attitude réservée, voire réticente. Ces deux aspects de la question et leur évolution – parallèle mais non nécessairement concomitante – sont dépeints par Troyat entre le « Eh bien, tout arrive… » d'Arapoff et la réponse pusillanime du conservateur. Quand le colonel russe vient enfin demander que soit conservé le souvenir des sacrifices consentis par la Russie impériale, alliée de la France, le fonctionnaire français considère encore le danger que représente pour son pays le fait de commémorer les actions – fussent-elles glorieuses – d'officiers et de soldats proscrits représentant un gouvernement déchu. La description sied bien au climat de méfiance réciproque de la fin des années Trente où, outre des causes socio-économiques[10], la crainte d'une « soviétisation » de la terre d'exil après la signature du traité franco-soviétique de 1935 et, en 1936, la victoire du Front populaire peuvent éclairer la diminution des chiffres de l'émigration russe en France. Signe des temps, cette même année, l'Union du régiment des cosaques de l'empereur, installée à Paris, transfère ses collections au Musée royal de l'Armée de Bruxelles[11] dans l'intention non dissimulée de les mettre à l'abri d'un gouvernement présumé trop proche de la Russie soviétique. Au lendemain de la Seconde Guerre mondiale, la donne change. L'attitude distante des responsables du musée se révèle pour ce qu'elle était : une nécessaire prudence dissimulant un intérêt de longue date.

« UN LIEU SAINT POUR LES DÉSHÉRITÉS DU DESTIN », 1953-1981

En 1918, lorsque le musée de l'Armée ouvre une salle consacrée aux « armées alliées », l'armée russe n'y figure pas. En 1950, quand paraît le roman de Troyat, elle n'y figure toujours pas. Pourtant, lorsqu'en 1953 le musée engage une politique active d'acquisition d'objets russes, le général Blanc confie au général Andolenko que « son intention était depuis longtemps de réparer l'oubli[12] ». En 1969, seize années de travail sont récompensées par l'ouverture d'une salle des Alliés rénovée où quinze vitrines évoquent l'armée impériale russe[13].

Pour les deux parties, les conditions de la création d'une salle russe aux Invalides sont désormais remplies. Côté russe, les témoins, qui se sentent vieillir, ne veulent pas laisser perdre le souvenir de leurs actions. « Notre musée, dit le général Andolenko, devient un lieu saint pour tous ces déshérités du destin que sont les anciens combattants russes. Il arrive fréquemment qu'en mourant, un vieil officier lègue ses souvenirs au musée. Et quand se présente une minute de liberté, on va aux Invalides s'extasier devant les vestiges de la grandeur d'antan[14]. » Plus généralement, deux faits nouveaux ont favorisé le rapprochement entre Russes *blancs* et Français. D'abord, le décret du Soviet suprême du 14 juin 1946 qui offre la possibilité aux Russes vivant en émigration d'acquérir la nationalité soviétique, entraîne le départ de près d'un cinquième de la population russe établie en France[15] ; ceux qui restent, ayant perdu l'espoir d'un retour vainqueur au pays, le font désormais par choix. Enfin, il faut compter après la Seconde Guerre mondiale avec une nouvelle vague d'émigrés très différente des précédentes. Dans les années 1950, la communauté des Russes arrivés au début du siècle se voit donc âgée et diminuée, tout en conservant essentiellement ses composantes les plus irréductibles. De là l'idée, plus envisageable, d'un rapprochement avec le grand musée militaire français. Au même moment, côté français, les réticences politiques se sont atténuées. À la tête du musée de l'Armée, le général Blanc peut désormais se sentir plus libre et « réparer l'injustice » en faisant une place à l'histoire des relations franco-russes.

Parties de rien, les collections ont été rassemblées avec l'aide d'éminents membres de la communauté. Aux côtés du général Andolenko, se remarque aussi la figure du lieutenant-colonel Sergueï A. Mestcherinoff[16]. Ancien du régiment Preobrajensky, attaché militaire de la Russie en France en 1916-1917, il était en position de créer des liens durables entre les militaires émigrés et les Français. En qualité de secrétaire général de l'Union des anciens élèves du corps des Pages, il a organisé durant le deuxième quart du XXe siècle des galas de bienfaisance où se pressait la meilleure société parisienne. Ainsi le comité de patronage du gala du 24 mai 1924 rassemblait-il la marquise Lannes de Montebello, femme de l'ancien ambassadeur de France en Russie[17], la maréchale Foch et la maréchale Lyautey. Parmi les organisateurs se trouvaient encore le général Polovtsev[18], la Saint-Cyrienne et l'Amicale des anciens élèves de l'École polytechnique. Le rapprochement entre ces deux écoles et le corps des Pages, qui a formé l'élite des officiers russes à partir 1802, allait de soi et fut vraisemblablement déterminant. La nouvelle salle des Alliés montre près de cinq cents pièces, dont quarante et un mannequins complets constitués avec une infinie patience à partir d'éléments d'origines diverses. Ainsi, dans la vitrine des chevaliers-gardes : « le sabre que tient l'officier en tenue de gala a appartenu au général-prince Youssoupov[19] qui

◆ Musée de l'Armée, salle des Alliés : vitrine du corps des Pages de Sa Majesté, vers 1971.

commanda longtemps ce corps d'élite. Au centre : veste du général Chipov[20], chef de corps en 1917, sur laquelle on a placé les décorations et les aiguillettes du général prince Eristoff[21], qui commanda le régiment de 1915 à 1917 ». Chacun des objets est porteur d'histoire et d'émotion. Ainsi, « pour compléter un [des mannequins évoquant l'escorte personnelle de l'empereur (*Konvoi*)], le colonel Toutchkov[22] n'a pas hésité à se séparer d'une relique particulièrement chère à son cœur, une ceinture caucasienne tachée du sang de son frère, tué en 1918[23] ». Près de la moitié des vitrines est consacrée à la garde impériale. Suivent le corps des Pages, l'armée de ligne, la marine, les souvenirs des généraux Gourko[24] et Polovstev et les unités russes sur le front français.

Parmi ceux qui prêtèrent leur concours à la création de la salle, trois groupes se distinguent. Peu nombreux, mais éminents, sont les membres de la famille impériale : grande-duchesse Hélène et prince Nicolas de Grèce[25], grand-duc Gavriil Konstantinovitch[26], parents du prince Georges de Grèce[27], prince Paul de Yougoslavie[28]. Viennent ensuite des particuliers, dont près d'un tiers appartiennent à de grande familles – voire à la plus haute noblesse (princesse Cantacuzène, princes Eristoff, d'Oldenbourg, Troubetzkoy...) – ou à des familles de tradition militaire (Andolenko, Chatiloff, Kamensky, Toutchkov...) ; d'autres encore sont apparentés à deux artistes importants de la communauté, par ailleurs familiers des célébrités du Tout-Paris (Constantin Somov et Zénaïde Serebriakova). Quelques cas isolés rompent le schéma, notamment les anciens membres d'unités ayant combattu sur le front français, tels le colonel Berg (5ᵉ régiment spécial) et le capitaine Wassilieff (Légion russe d'honneur). Donateurs et déposants résident pour la plupart en région parisienne ; rares sont ceux qui vivent à l'étranger : outre certains princes, il faut citer le grand collectionneur Sergueï Boulatzel, résidant à Tanger. Enfin, une grande partie des pièces a été acquise par l'intermédiaire des associations d'anciens membres des régiments de la garde ou de l'armée impériale : Union des anciens élèves du corps des Pages, Union des anciens officiers du régiment Preobrajensky et des anciens du régiment Semenovsky, unions des Chasseurs de la garde, des Chevaliers-gardes, des Cosaques de l'empereur, musée des Hussards de la garde, Foyer des officiers de la marine impériale... Entre don (ou dépôt) consenti au titre de l'association ou à titre personnel, la distinction est souvent floue, comme lorsque le colonel Arapoff propose la collection du musée du 5ᵉ régiment des hussards Alexandriisky. Cependant, malgré sa triste réputation littéraire auprès de ce régiment, le musée de l'Armée a reçu en 1955 certaines très belles pièces issues du musée qui lui était consacré au 150, rue Raymond-Losserand, dans ce 14ᵉ arrondissement qui a accueilli nombre d'émigrés russes. Ces pièces sont inscrites à l'inventaire tantôt comme dons de l'Union des hussards Alexandriisky tantôt comme dons du colonel Toporkov[29], auteur de l'histoire de l'unité et responsable de son musée, avec lequel le fictif Arapoff partage de nombreux traits... La Garde est représentée dans des proportions supérieures à sa part dans les effectifs de l'armée impériale. La remarque vaut également, davantage même, si l'on considère le grade des anciens détenteurs des objets, parmi lesquels les officiers – officiers supérieurs surtout – sont surreprésentés. Si l'émigration russe en France entre 1920 et 1950 se caractérise par une extrême diversité sociale et géographique des arrivants, les collections du musée de l'Armée n'en sont guère représentatives à cet égard. Néanmoins, elles décrivent plutôt bien une certaine fraction de la communauté et son état d'esprit.

♦ Tenue d'officier *(khorounji)* du régiment des cosaques de S.M. l'empereur, vers 1881-1910. Paris, musée de l'Armée. Inv. DEP 57, DEP 59, DEP 525

NOUVEAUX JALONS

La phase la plus récente de cette histoire, dont l'exposition *Au service des tsars...* constitue, on l'espère et on le pressent, non pas l'aboutissement mais une étape prometteuse, s'engage au début des années 1980.

Le temps a fait son œuvre. Les tensions idéologiques ou liées à la mémoire – directe et indirecte – des événements révolutionnaires se sont estompées. Si les circonstances qui ont inspiré la clause restrictive énoncée par le colonel Arapoff ne se sont pas réalisées, la question du patrimoine matériel lié à l'histoire de l'armée impériale se pense en des termes plus sereins. Le gouvernement russe, en la personne de Vladimir Poutine, a témoigné tout son intérêt pour le musée du régiment des Cosaques de S.M. l'empereur[30]. Si les collections confiées au Musée royal de l'Armée de Bruxelles y restent, la France ne suscite manifestement plus la même méfiance qu'il y a quelques décennies ...

La nécessité de mettre à l'abri de précieux souvenirs en les confiant à la garde d'un grand musée national ne se faisant plus sentir, certains propriétaires ont même repris leurs dépôts, pour une large part afin de les exposer au musée du régiment des Cosaques de Courbevoie. Plus généralement, dans le monde des musées des signes d'apaisement se font jour, telle l'exposition «Paris-Moscou 1900-1930» organisée par le ministère de la Culture russe et le tout jeune Centre Georges Pompidou (1979-1981). Désormais, le musée de l'Armée peut envisager de traiter le sujet russe en l'intégrant au parcours chronologique : après les travaux de la salle des Alliés (1981), les collections russes intègrent les salles consacrées à la Triple Entente (1986).

En 1991, le «séisme de la disparition de l'URSS», selon le mot de Marc Ferro[31] ouvre une ère nouvelle. Le musée en prend acte en 1993, avec l'exposition «Les Tsars et la République», réalisée sous la direction brillante et passionnée du colonel Noulens. En partant de ses collections, il s'agit de faire le point sur deux siècles de rapprochements esquissés, de 1717 à 1914, pour célébrer l'Alliance enfin aboutie de 1893 et rendre hommage au sacrifice des Russes qui ont donné leur vie pour elle sur le front de l'ouest. En 2003, nouveau jalon, avec l'exposition «Paris – Saint-Pétersbourg, 1800-1830 : quand la Russie parlait français[32]», sous le Dôme des Invalides, à laquelle contribuent généreusement, le musée de l'Ermitage et d'autres musées russes.

L'exposition de 2010 montre l'ampleur du chemin parcouru puisqu'elle associe, symboliquement et concrètement à la fois, le plus grand musée russe, soucieux de mettre à l'honneur, depuis dix ans, ses collections impériales aussi bien dans ses salles qu'à l'étranger[33] ; le musée de l'Armée qui y trouve l'occasion de mettre en regard de cet ensemble prestigieux quelques pièces significatives de ses collections ; le musée du régiment des Cosaques de S.M. l'empereur enfin, qui assume ainsi pleinement son rôle dans l'histoire du patrimoine de la Russie en émigration. Qui aurait cru possible, voici quelques décennies, la conception et la mise en œuvre d'un projet aussi consensuel et lucide à la fois, dans une ambiance apaisée et harmonieuse ?

NOTES

1. La transcription des noms russes en français a suivi différentes modes ; nous tâchons ici de conserver aux noms francisés une orthographe communément rencontrée, de là une certaine disparité.

2. Henri Troyat (1911-2007), de l'Institut, *Étrangers sur la terre,* Paris : J'ai Lu, 1999, vol. 2, p. 211. Il s'agit du troisième tome de la saga intitulée *Tant que la terre durera,* inspirée à l'écrivain d'origine russe et arménienne par ses propres souvenirs et publiée pour la première fois de 1947 à 1950.

3. Formé au 1er régiment étranger de cavalerie, le général de brigade N. Roumiantzoff est issu d'une noble famille russe. Membre de l'état-major du général de Gaulle, il fait partie des premiers à entrer dans Paris libéré le 25 août 1944.

4. Compagnon de la Libération, mort pour la France à El-Alamein à la tête de la 13e demi-brigade de Légion étrangère, le lieutenant-colonel Amilakvari a donné son nom à deux promotions de l'École spéciale interarmes.

5. Michèle Pierron-Mézenge, « Les Directeurs du musée de l'Armée 1905-2005 », in *RSAMA,* n° 129, sept. 2005, p. 42-56, aux p. 46-48.

6. Serguéï Andolenko (GBR), « Les collections russes au musée de l'Armée », in *RSAMA,* n° 75, 1971, p. 60-65, à la p. 61.

7. Catherine Gousseff, *L'Exil russe : la fabrique du réfugié apatride,* Paris : CNRS éditions, 2008, p. 60-63.

8. Nikita Struve, *Soixante-dix ans d'émigration russe, 1919-1989,* Paris : Fayard, 1996, p. 25.

9. Comité de liaison pour la solidarité avec l'Europe de l'Est (COLISEE), « La vie associative de la communauté russe », 30 mars 2003 (www.colisee.org/article.php?id_article=439).

10. C. Gousseff, *op. cit.,* p. 186-189.

11. Voir plus haut A. Bobrikoff, « Le régiment des cosaques de l'empereur de la garde impériale et son musée », p. 49.

12. S. Andolenko, *op. cit.,* p. 61.

13. Paul Willing (LCL), « Les Salles des armées étrangères au musée de l'Armée », in *RSAMA,* n° 98, 1989 / II, p. 72-79, aux p. 72-73.

14. S. Andolenko, *op. cit.,* p. 61.

15. COLISEE, « La Communauté russe à partir de la Seconde Guerre mondiale », 30 mars 2003 (www.colisee.org/article.php?id_article=440).

16. S. Andolenko, *op. cit.,* p. 63.

17. Gustave Lannes de Montebello (1838-1907), petit-fils du maréchal de l'Empire, représenta la France à Saint-Pétersbourg à partir de 1891 ; intime de la famille impériale, il exerça une influence certaine en faveur du rapprochement franco-russe à la fin du siècle. Après la Révolution, sa femme, née Madeleine Guillemin (1853-1930), œuvra beaucoup en faveur de la communauté russe en France.

18. Piotr A. Polovtsev (1874-1964), officier de l'état-major général de Nicolas II, puis colonel du régiment tatare de la Division sauvage.

19. Felix, comte Soumarokov-Elston (1856-1928), mari de la princesse Zénaïde Youssoupova. Leur fils, Felix Felixovitch (1887-1967), dernier prince Youssoupov, organisa l'assassinat de Raspoutine et vécut en exil à Paris après 1920. Voir plus bas, cat. 126.

20. Comme son père Nikolaï Nikolaevitch Chipov (1848-1911), le général Nikolaï Nikolaevitch Chipov a commandé le régiment des chevaliers-gardes.

21. Il s'agit d'Alexandre Constantin Eristoff, père de Nicolas Alexandrovitch Eristoff dont Tamara de Lempicka a peint le portrait en 1925.

22. La famille Toutchkov a donné à Alexandre Ier trois généraux : Pavel (1775-1858), ainsi que Nikolaï (1765-1812) et Alexandre (1778-1812), tous deux tués à la bataille de la Moskowa.

23. S. Andolenko, *op. cit.,* p. 62.

24. Vassili Romeika-Gourko (1864-1937), général de cavalerie, a rempli en 1916 le rôle de chef d'état-major des armées russes en campagne.

25. Après 1917, le prince Nicolas de Grèce (1872-1938) et sa femme, la grande-duchesse Hélène Vladimirovna (1882-1957), petite-fille d'Alexandre II, ont vécu en France jusqu'à la mort du prince.

26. Gavriil Konstantinovitch (1887-1955), prince du sang, reçut en 1939 le titre de grand-duc de Kirill Vladimirovitch, dont il soutint les prétentions au trône ; il vécut en France de 1919 à sa mort.

27. Georges de Grèce (1869-1957), amiral russe, haut commissaire de Crète, a vécu en France avec sa femme, née Marie Bonaparte (1882-1962), après la révolte de Thérissos (1905).

28. Paul de Yougoslavie (1893-1976), régent du royaume de Serbie de 1934 à 1941.

29. Les archives de Serguéï Alexandrovitch Toporkov (1880-1959) et celles de son musée sont actuellement conservées dans le Fonds Bakhmetieff, à l'université de Columbia (MS Coll. / BAR Toporkov).

30. Voir plus haut A. Bobrikoff, « Le régiment des cosaques de l'empereur de la garde impériale et son musée », p. 49.

31. Cat. exp. *Les Tsars et la République,* Paris : musée de l'Armée, 30 septembre – 11 novembre 1993, p. 11.

32. Paris, musée de l'Armée : 21 mai – 30 août 2003.

33. À titre d'exemple, citons les expositions « For the Faith and Loyalty: Three Hundred Years of the Russian Imperial Guards » (Saint-Pétersbourg : musée de l'Ermitage, 13 décembre 2000 – 1er avril 2001) ou « At the Russian Court: Palace and Protocol in the 19th Century » (Ermitage-Amsterdam, 20 juin 2009 – 31 janvier 2010).

Глава I

PIERRE LE GRAND 1700-1725

La garde impériale russe est l'enfant de Pierre le Grand. C'est en 1683, dans le village de Preobrajenskoe, la résidence du jeune tsar, qu'est formée une troupe d'« amuseurs », divisée ensuite en deux régiments : Preobrajensky et Semenovsky. Les anciens compagnons de jeu du tsar Pierre reçoivent leur baptême du feu dans les combats devant la forteresse d'Azov, et deviennent, en 1700, la garde impériale. Durant le règne de Pierre Ier, les régiments Preobrajensky et Semenovsky ont participé à toutes les batailles importantes, de la défaite de Narva à la victoire de Poltava, des souffrances de la campagne du Prouth au débarquement maritime près de Gangout. Selon le projet de Pierre Ier, la Garde devait devenir le noyau de la nouvelle armée, un exemple à suivre, ainsi qu'une école militaire, passage obligé des futurs officiers des régiments d'infanterie et de cavalerie de la ligne. À partir de cette époque, plusieurs jeunes aristocrates commencent leur service comme simples soldats dans les régiments de la Garde, avant de continuer leur carrière dans les unités de la ligne, après avoir reçu le grade d'officier. Du temps de Pierre Ier, le service dans la Garde offre des possibilités d'avancement aux aristocrates comme aux roturiers : au fils d'un boyard, Anikita né prince Repnine, comme à Alexandre Menchikov, fils d'un écuyer qui acquit la dignité princière grâce à son service.

1 UNIFORME D'OFFICIER DU RÉGIMENT PREOBRAJENSKY
DE LA GARDE IMPÉRIALE AYANT APPARTENU À PIERRE Iᵉʳ

Russie, début du XVIIIᵉ siècle (avant 1709)
Travail russe et européen

Caftan (habit)
Drap, taffetas, fil de soie, fil de métal, alliage cuivreux fondu,
estampé et doré
Longueur du dos : 115 cm
Musée de l'Ermitage
Inv. ЭPT-16753

Chapeau
Feutre, soie, fil de coton
Hauteur : 33 cm
Musée de l'Ermitage
Inv. ЭPT-16754

Hausse-col
Argent fondu, ciselé et doré, velours
9,5 × 21 cm
Musée de l'Ermitage
Inv. ЭPT-16755, CB-5245

Écharpe
Fils de soie et de métal, bois
Longueur : 255 cm
Musée de l'Ermitage
Inv. ЭPT-16756
Entré en 1959 ; ancienne collection du Musée historique
d'artillerie.

Cet uniforme d'officier, conforme au modèle du régiment Preobrajensky a été porté par Pierre Iᵉʳ à la bataille de Poltava le 27 juillet 1709.

Le régiment Preobrajensky a été créé en 1691 à partir des bataillons d'*amuseurs* qui accompagnaient le futur Pierre Iᵉʳ dans ses jeux militaires ; il est devenu en 1700 le premier régiment de la garde impériale.

Avant 1720, l'uniforme des officiers du régiment n'est pas réglementé de façon stricte ; il était seulement obligatoire d'observer les couleurs du régiment : « ortie foncée » et rouge. Les grandes tenues d'officiers étaient richement brodées d'agréments d'or et d'argent. Au quotidien, les officiers de la Garde revêtaient des habits de campagne plus simples. Hausse-col, écharpe et dragonne distinguaient les officiers des hommes du rang.

Le tsar Piotr Alexeevitch est devenu colonel du régiment Preobrajensky le 6 août 1706, jour de la fête du régiment célébrée par le monarque, qui devient l'une des fêtes les plus importantes de sa vie. Depuis ce jour, chaque 6 août il était présent à la messe et, s'il en avait la possibilité, se rendait à la fête, en tenue de campagne, pour célébrer cet anniversaire avec les camarades du régiment.

Pierre Iᵉʳ accordait la même importance au jour de la bataille de Poltava. Le 27 juillet 1709, le tsar s'était en effet trouvé au cœur du combat et, s'étant exposé au danger, avait exalté ses troupes par son courage. Certaines sources évoquent les trois balles qui l'ont menacé ce jour-là : la première a traversé son chapeau, la deuxième a frappé son hausse-col, la troisième s'est incrustée dans l'arçon de sa selle.

N.T.

2 Anonyme

PORTRAIT DE PIERRE Iᵉʳ, DIT LE GRAND

Fin du xviiiᵉ–début du xixᵉ siècle, copie d'après un original
de 1700-1709
Huile sur toile
78 × 65,5 cm, sans cadre
Musée de l'Ermitage
Inv. ЭРЖ-537
Entré en 1941 ; ancienne collection du Musée ethnographique
d'État ; le tableau a été exposé auparavant dans la galerie de
l'empereur Pierre Iᵉʳ au sein de l'Académie des sciences.

Pierre Iᵉʳ (1672-1725), tsar de Russie depuis 1682, est le
premier souverain à porter le titre d'*empereur* à partir de
1721. Fils cadet du tsar Alexeï Mikhaïlovitch, il est né de
ses deuxièmes noces avec Natalia Kirillovna, née
Narychkine.
Il est représenté en grande tenue du régiment
Preobrajensky et en cuirasse, sur laquelle se détache la
croix de l'ordre de Saint-André portée en sautoir. La coupe
de l'uniforme et le type de l'insigne permettent de dater
l'original de ce portrait entre 1700 et 1709.

Û.G.

2

3 Anonyme

PORTRAIT DE SON ALTESSE SÉRÉNISSIME LE COMTE
ALEXANDRE DANILOVITCH MENCHIKOV

Russie, première moitié du xviiiᵉ siècle
Huile sur toile
78 × 65,5 cm
Musée de l'Ermitage
Inv. ЭРЖ-733
Entré en 1941 ; ancienne collection du Musée ethnographique
d'État.

Alexandre Danilovitch Menchikov (1673-1729), homme
d'État et militaire russe, comte sérénissime, généralissime,
est le compagnon d'armes le plus proche et le favori du
tsar Pierre Iᵉʳ. Il naît à Moscou le 12 novembre 1673, et
dès 1787 il sert comme ordonnance le jeune tsar Piotr
Alexeevitch (Pierre Iᵉʳ). À partir de 1693, il fait partie de la
compagnie des bombardiers du régiment Preobrajensky,
dont le capitaine est Pierre Iᵉʳ en personne. Il prend part
à la campagne d'Azov de 1695-1696, où il s'illustre par
son courage personnel. Durant la guerre du Nord, il assiste
à presque toutes les batailles importantes. S'étant
distingué lors de la prise de Notebourg (1702), il est
promu au grade de lieutenant de la Garde et bientôt fait
comte. Commandant des détachements de la cavalerie
russe, il se distingue pendant les batailles de Kalisz et

3

4

Lesnaïa. À la suite de la bataille de Poltava, il est promu feld-maréchal. En 1718, il prend la présidence du Collège de guerre (équivalent du ministère de la Guerre). En 1727, lors d'un coup d'État, il est arrêté, déchu de ses fonctions et dégradé. Il meurt en exil en 1729.

Le portrait le représente décoré des insignes des ordres de Saint-André, de l'Aigle blanc (polonais) et de l'Aigle noir (prussien).   S.P.

4 Anonyme

PORTRAIT DU GÉNÉRAL COMTE ANIKITA (NIKITA) IVANOVITCH REPNINE

Russie, première moitié du XVIIIe siècle
Huile sur toile
78 × 65,5 cm, sans cadre
Musée de l'Ermitage
Inv. ЭРЖ-734
Entré en 1941; ancienne collection du Musée ethnographique d'État.

Anikita (Nikita) Ivanovitch Repnine (1668-1726), comte, général feld-maréchal (dès 1724), chef de l'armée sous Pierre le Grand.

Issu d'une ancienne lignée de boyards, il commence son service comme *spal'nik* (valet de chambre) du jeune tsar Piotr Alexeevitch, futur Pierre Ier.

En 1685, il est nommé lieutenant dans un des bataillons d'*amuseurs* recrutés par le futur tsar pour l'accompagner dans ses jeux militaires.

Au sein du régiment Preobrajensky, il participe aux campagnes d'Azov en 1695-1696. En 1700, il est promu général d'infanterie et commande le corps de fantassins, envoyé peu de temps après au secours de l'armée saxonne alliée. Lors de la bataille de Golovtchino, le 3 juillet 1708, opposée à l'attaque principale des Suédois, la division de Repnine cède et abandonne ses positions de combat, entraînant dans sa retraite toute l'armée russe. Repnine est accusé de lâcheté et rétrogradé. C'est en tant que simple soldat qu'il participe à la bataille de Lesnaïa où il se distingue, le 28 septembre 1708.

Grâce à l'intercession du général Golitsyne, Repnine obtient le pardon de Pierre Ier et est rétabli à son rang. Après la bataille de Poltava (8 juillet 1709), où il commande le centre de l'armée russe, il est décoré de l'ordre de Saint-André en récompense de ses brillants services. En 1710, après la prise de Riga, il est nommé gouverneur général de la Livonie. À partir de 1724, il est président du Collège de guerre (ministère de la Guerre), et est promu la même année au grade de feld-maréchal. Il meurt en 1726 à Riga, où il est inhumé.

S.P.

5 DRAPEAU DE COMPAGNIE DU RÉGIMENT
PREOBRAJENSKY DE LA GARDE IMPÉRIALE

Russie, 1700
Damas peint
Tablier : 290 × 300 cm
Musée de l'Ermitage
Inv. 3H-374
Entré en 1950 ; ancienne collection du Musée historique
d'artillerie.

6 CASQUE DE SOUS-OFFICIER DES RÉGIMENTS
DES GRENADIERS DE LA GARDE IMPÉRIALE

Russie, vers 1727-1761
Cuir, toile, cuivre fondu, ciselé et doré, broderie de fil métallique
18 × 31,5 × 17 cm
Musée de l'Ermitage
Inv. ЭPT-10855
Entré en 1946 ; ancienne collection du Musée ethnographique
d'État.

7 CASQUE DE GRENADIER DE LA GARDE IMPÉRIALE,
MODÈLE TROUPE

Russie, 1727-1761
Cuir, toile, cuivre fondu, ciselé et doré
16,5 × 32,5 × 18,5 cm
Musée de l'Ermitage
Inv. ЭPT-10953
Entré en 1946 ; ancienne collection du Musée ethnographique
d'État.

En 1708, Pierre Ier commanda pour la première fois en
Angleterre des casques de cuir destinés aux compagnies
de grenadiers des régiments Preobrajensky et Semenovsky
de la garde impériale. Néanmoins, ce n'est qu'en 1712 que
tous les grenadiers ont reçu un casque de ce modèle.
Cette coiffure présente une bombe basse en cuir avec un
fronteau et un couvre-nuque. Au-dessus de ce dernier, sur
la bombe, est fixé un support pour une aigrette de plumes
d'autruche. Le fronteau est orné d'une plaque métallique
chargée d'un aigle bicéphale. Ce modèle de casque n'a
pas connu de changements considérables jusqu'en 1761.

S.P.

6

7

8 Anonyme, d'après l'original peint par
Pierre-Denis Martin le Jeune (1663-1742)

BATAILLE DE LESNAÏA, LE 28 SEPTEMBRE 1708

Russie, 1829-1831
Huile sur toile
130 × 220 cm
Musée de l'Ermitage
Inv. ГЭ-4181
Ancienne collection principale de l'Ermitage.

Les peintres et les graveurs européens, au début du XVIIIe siècle, sont plus enclins à créer des compositions conventionnelles correspondant aux genres de la peinture de bataille, de la marine ou de la scène de genre qu'à représenter des événements réels. Le peintre de bataille français, Pierre-Denis Martin le Jeune, qui reçoit de Pierre Ier, en 1717, la commande d'illustrer certains combats de la guerre du Nord, n'a pas renoncé à cette tradition. Pour son tableau de la *Bataille de Lesnaïa,* il reprend la composition d'une de ses œuvres précédentes, *La Bataille près de Fleurus* illustrant l'affrontement du 1er juillet 1690 entre l'armée française commandée par le maréchal de Luxembourg et les armées de la ligue d'Augsbourg.

Dans ce nouveau tableau, le commandant en chef français est remplacé par le tsar Pierre Ier indiquant la direction du combat dans un geste identique. Les drapeaux qui flottent au-dessus des régiments russes rappellent fortement ceux de l'époque de Louis XIV. Selon toute vraisemblance, le peintre ne connaissait pas l'apparence des emblèmes russes de 1708.

La bataille de Lesnaïa, une des plus décisives au cours de la guerre du Nord, s'est déroulée près du village homonyme et a opposé le corps suédois sous le commandement du général Lewenhaupt et l'armée russe, guidée par Pierre Ier. Ayant battu les Suédois, le tsar a privé l'armée de Charles XII des renforts, des vivres et des munitions, apportés par Lewenhaupt depuis les pays baltes. La bataille de Lesnaïa précédant celle de Poltava de neuf mois, Pierre Ier l'a nommée « la mère de la victoire de Poltava ». Durant cet affrontement se sont de nouveau remarquablement illustrés les régiments de la Garde : Preobrajensky et Semenovsky.

S.P.

9

9bis

9 Nicolas IV de Larmessin (1684-1735/1755), d'après l'original peint par Pierre-Denis Martin le Jeune (1663-1742)

LA BATAILLE DE POLTAVA, LE 27 JUIN (8 JUILLET) 1709 : PREMIÈRE PHASE

Russie (?), vers 1720-1730
Eau-forte et burin sur papier
52 × 72 cm, sans cadre
TITRÉ, EN BAS AU CENTRE : *Représentation de la glorieuse bataille entre les troupes russe et suédoise en présence du haut commandement de Sa Majesté le tsar de toutes les Russies Pierre Ier confronté à Sa Majesté impériale Charles XII, qui s'est déroulée non loin de Poltava, le 27e jour de juin 1709.*
Musée de l'Ermitage
Inv. ЭРГ-25922

9 bis Charles Louis Simonneau (1645-1728), d'après l'original peint de Pierre-Denis Martin le Jeune (1663-1742)

DÉFAITE DÉFINITIVE DES TROUPES SUÉDOISES LORS DE LA BATAILLE DE POLTAVA

Russie (?), après 1722
Eau-forte et burin sur papier
52 × 72 cm, sans cadre
TITRÉ, EN BAS AU CENTRE : *Représentation de la destruction finale de l'armée suédoise par l'armée russe après la bataille principale de Poltava, qui a eu lieu non loin du [village de] Perevolotchna, où celle-là, comptant un effectif de plus de 18 000 [hommes] contre nos 9 600, a rendu les armes sans aucune résistance, le 30e jour de juin 1709.*
Musée de l'Ermitage
Inv. ЭРГ-25920

Au mois de mai 1709, l'armée de Pierre le Grand rejoint, sur la rive de la rivière Vorskla, le corps du général Menchikov afin de dégager la ville de Poltava, assiégée par l'armée du roi Charles XII de Suède. Inférieurs en nombre, les Suédois n'attendent pas que l'armée russe soit au complet et lancent l'attaque le 27 juin. Les redoutes d'artillerie construites sur l'ordre de Pierre le Grand entre les camps russe et suédois jouent bien leur rôle, de même que la cavalerie et l'infanterie, dont les manœuvres mettent le major-général Roos à la merci des Russes (1re phase).
Il s'ensuit un combat d'infanterie, soutenu par le feu des canons, qui a raison en deux heures des quelque 20 000 Suédois malgré les belles actions de la Garde de Charles XII contre la division Repnine. Sur l'aile droite, les régiments Preobrajensky et Semenovsky de la garde impériale au sein de la division d'infanterie du général Golitsyne jouent un rôle crucial en enfonçant l'aile gauche des Suédois, emportant la victoire alors que Pierre Ier lui-même se porte au secours du général Repnine (2e phase). Aussi inattendue qu'éclatante, la victoire de Poltava constitue un événement majeur pour le règne de Pierre le Grand et pour la jeune garde impériale.
Les deux estampes montrant les deux phases de la bataille appartiennent à une suite de quatre gravures qui montre également les batailles de Lesnaïa et de Gangout, exécutée dans l'atelier du graveur français N. de Larmessin sur une commande directe de Pierre Ier.

Ém.R.

La gravure représente la deuxième étape de la bataille de Poltava qui s'est terminée après deux heures de combat par la défaite totale de l'armée suédoise. Au premier plan, au centre, se trouve Pierre Ier à cheval, le sabre au clair, en pleine mêlée entre les cavaliers suédois et russes. Le second plan offre un panorama complet de l'affrontement.

V.L.

10 Maurice Baquoy (ou Baquoi) (1690-1747)

BATAILLE ENTRE LES FLOTTES RUSSE ET SUÉDOISE
AUPRÈS DU CAP DE GANGOUT LE 27 JUILLET 1714

Vers 1720-1730
Eau-forte, burin, aquarelle sur papier
53 × 75,5 cm, sans cadre
TITRE EN BAS AU CENTRE : *Représentation de la bataille navale entre
l'avant-garde des galères russes, commandée par le*
schautbynacht *des navires* [contre-amiral, c'est-à-dire Pierre Ier],
et l'escadre suédoise sous le commandement du schautbynacht
*Ehrenschiöld qui s'est déroulée près de Gangout le 27ᵉ jour
de juillet 1714.*
Musée de l'Ermitage
Inv. ЭРГ-33262

En 1713-1714, l'armée russe mène des opérations victo-rieuses en Finlande. En mai 1713, Helsingfors (Helsinki) est prise, puis en août c'est le tour d'Åbo (Turku) – capitale de la Finlande à cette époque. La flotte a soutenu les victoires terrestres. Le 2 juillet 1714 (soit le 7 août selon le calendrier julien), s'est déroulée une bataille maritime devant la péninsule de Hangöudd (nommée *Gangout,* en

russe, cette presqu'île finlandaise se nomme aujourd'hui Hanko).

La gravure représente le moment crucial de l'affronte-ment, quand un détachement de dix navires suédois, sous le commandement du contre-amiral N. Erhenschiöld, bloqué dans les récifs, est attaqué par les galères russes. À l'issue d'une bataille sanglante, les vaisseaux suédois, parmi lesquels la frégate amirale *Éléphant,* sont pris à l'abordage. Les pertes du côté suédois se montent à 361 tués et 580 prisonniers. Du côté russe, on dénombre 127 tués et 341 blessés.

La bataille navale de Gangout est la première grande bataille navale de la jeune flotte russe ; son succès a considérablement renforcé la situation des troupes russes en Finlande. Pierre Iᵉʳ la considérait comme l'événement clé de la guerre et mettait son importance au même niveau que celle de la bataille de Poltava. Des participants de la bataille de Gangout ont été récompensés par une médaille portant l'inscription *Le zèle surpasse même le dévouement.* Le 9 septembre 1714, à Saint-Pétersbourg, des festivités célèbrent le triomphe de Gangout.

V.L.

Глава II

COMPLOTS DE PALAIS 1725-1801

Russie, 1725. La mort de l'empereur Pierre Ier ouvre une période de changements. Les souverains vont se succéder sur le trône impérial aussi rapidement que les modes, les uniformes et les emblèmes de la Garde. Cette dernière ne combat que contre un ennemi étranger. Elle participe également aux jeux politiques, soit comme instrument, soit comme force indépendante. La Garde est un soutien indispensable au souverain mais également une menace constante.

Durant son court règne, Catherine Ire, veuve de Pierre le Grand, s'appuie sur des régiments fidèles. Cherchant à s'assurer des militaires sûrs, l'impératrice Anna Ioannovna ajoute encore à la Garde deux régiments : le régiment des gardes à cheval et le régiment Izmaïlovsky. L'impératrice Élisabeth accède, quant à elle, au trône grâce à un complot et favorise la compagnie des grenadiers de Preobrajensky. L'héritier du trône, Piotr Fedorovitch, s'entoure de sa garde propre, les troupes du Holstein, qui ne le soutiennent guère lors du coup d'État organisé par son épouse, Catherine II, appuyée par la vieille Garde. L'empereur Paul Ier réforme la Garde après son avènement et y place ses fidèles, mais, tout comme son père, il sera la victime d'un coup d'État né au sein de la Garde.

11

Complots de palais 1725-1801

11 Anonyme

PORTRAIT DE L'IMPÉRATRICE ÉLISABETH PETROVNA
À CHEVAL

Milieu du XVIIIe siècle
Huile sur toile
75,5 × 57,5 cm, sans cadre
Musée de l'Ermitage
Inv. ЭРЖ-560
Entré en 1941 ; ancienne collection du Musée ethnographique
d'État ; avant 1934, le tableau se trouvait à la Commission
d'expertise du Commissariat du commerce international.

Élisabeth Petrovna (1709-1762) est la fille de Pierre Ier et
de Catherine Ire ; princesse héritière à partir de 1721, elle
est couronnée impératrice de Russie en 1741.
En tant qu'impératrice, elle a cherché à se placer dans la
continuité de la politique de son père Pierre le Grand,
fondateur de l'Empire russe. À ce titre, elle affectionnait
de se montrer devant ses gardes dans la tenue du
régiment Preobrajensky. C'est ainsi, en uniforme et à
cheval, qu'elle est représentée par le peintre de cour
Georg Christoph Grooth (1716-1749).
L'image d'« impératrice des troupes », cultivée par
Élisabeth Petrovna, était appréciée par les membres de
la garde impériale, grâce à laquelle elle avait accédé au
trône.
Ce tableau est une réplique avec variantes du portrait
peint par Grooth en 1743, conservé à la galerie nationale
Tretiakov, à Moscou.

Û.G.

12

12 DRAPEAU DE COMPAGNIE DU RÉGIMENT
IZMAÏLOVSKY DE LA GARDE IMPÉRIALE

Russie, 1742
Soie peinte, bois
Tablier : 172 × 217 cm ; longueur de la hampe 330 cm
Musée de l'Ermitage
Inv. ЗН-1300
Entré en 1950 ; ancienne collection du Musée historique
d'artillerie.

13 TABLIER D'ÉTENDARD D'UN ESCADRON
DE LA GARDE IMPÉRIALE À CHEVAL

Russie, 1742
Soie, fil métallique
Tablier : 52 × 58,5 cm
Longueur avec les franges : 64 × 64 cm
Musée de l'Ermitage
Inv. ЗН-896
Entré en 1950 ; ancienne collection du Musée historique
d'artillerie.

Le régiment a reçu quatre emblèmes semblables à celui-ci.

G.V.

13

14 PORTRAIT DU GRAND-DUC PIOTR FEDOROVITCH

Russie, 1750-1760
Huile sur toile
112 × 85 cm
Musée de l'Ermitage
Inv. ЭРТ-563
Ancienne collection principale de l'Ermitage.

Le grand-duc Piotr Fedorovitch, né Karl-Peter-Ulrich, duc de Holstein-Gottorp, futur empereur Pierre III (1728-1762), a régné entre 1761 et 1762.
Petit-fils de Pierre Ier, il est invité en Russie par l'impératrice Élisabeth Petrovna, sans descendance, et il est ainsi déclaré héritier du trône sous le nom de Piotr Fedorovitch.
En 1745, il est marié par l'impératrice Élisabeth avec Sophia-Friederika-Augusta, princesse d'Anhalt-Zerbst, future impératrice Catherine II.

Au cours de la même année, Piotr Fedorovitch est proclamé duc régnant de Holstein-Gottorp. À ce titre, il crée en Russie l'armée dite « de Holstein », dont le rôle contrebalance celui de la garde impériale russe.
En 1761, après la mort d'Élisabeth, Pierre devient empereur. Néanmoins, moins d'un an plus tard, il est destitué par son épouse, Catherine II, avec le soutien de la Garde. Les unités de l'armée de Holstein n'ont pas su défendre leur souverain. Après le coup d'État, Pierre III abdique ; il est assassiné plus tard dans des circonstances troubles.
Sur ce portrait, le grand-duc Piotr Fedorovitch est représenté en uniforme de général de l'armée de Holstein.

S.P.

15 HABIT (CAFTAN) D'OFFICIER DU RÉGIMENT
PREOBRAJENSKY DE LA GARDE IMPÉRIALE,
AYANT APPARTENU À L'EMPEREUR PIERRE III

Russie, 1762
Drap, estamet, fil métallique, cuivre doré
Dos 95 cm ; tour de taille 73 cm
Musée de l'Ermitage
Inv. ЭРТ -11038

L'empereur Pierre III, après son accession au trône, a entamé une réforme des uniformes de l'armée russe. Les tenues traditionnelles de l'époque de Pierre Ier ont été remplacées par de nouvelles, confectionnées dans l'esprit de la mode militaire prussienne. Ainsi, les officiers du régiment Preobrajensky ont reçu des habits vert foncé aux cols et parements rouges, avec un nouveau type d'agréments brodés d'or. Les habits ont été assortis de culottes de drap paille.

La Garde n'a pas accepté les innovations de Pierre III. Les officiers, tout comme les soldats, ont été mécontents de ces tenues inhabituelles. C'est avec joie qu'ils ont retrouvé leurs uniformes d'antan, restitués après le coup d'État qui place sur le trône l'épouse de Pierre III, Catherine II.

S.P.

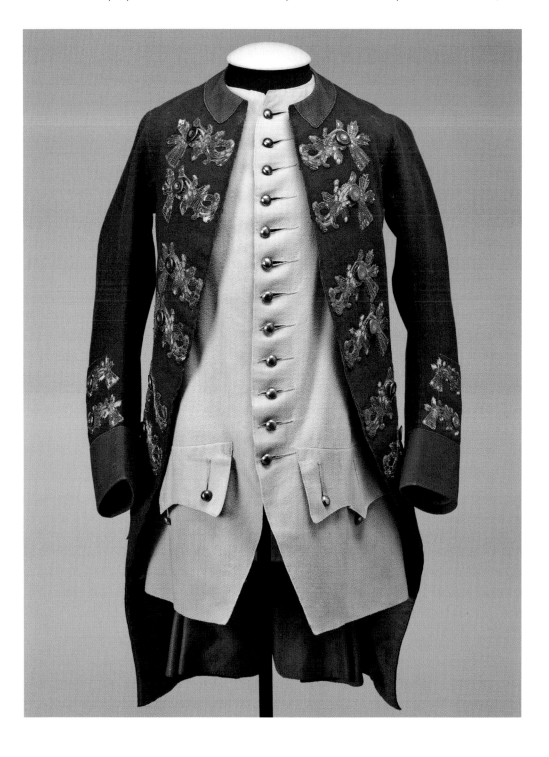

16 UNIFORME D'OFFICIER SUPÉRIEUR DU RÉGIMENT
SEMENOVSKY DE LA GARDE IMPÉRIALE

Russie, vers 1750-1760
Drap, soie, feutre, cuir, plume, galon métallique, fil métallique,
cuivre doré, bois
Chapeau : 41,5 × 32 × 15 cm
Habit (caftan) : dos 101 cm ; tour de taille 90 cm
Veste (kamzol) : dos 74 cm ; tour de taille 92 cm
Pantalon : longueur 63 cm ; tour de taille 85 cm
Musée de l'Ermitage
Inv. ƏPT-15095, ƏPT-15563, ƏPT-15075, ƏPT-11046

L'uniforme d'officier des régiments d'infanterie de la
garde impériale est institué par Pierre Ier en 1720. Il est
resté officiellement inchangé jusqu'en 1762. Pourtant, la
coupe de l'habit et de la veste ainsi que la forme du
chapeau évoluent au cours de cette période selon les
tendances de la mode européenne. L'écharpe tricolore
(blanc, bleu, rouge) de l'époque de Pierre Ier est remplacée
en 1742 chez les officiers de la Garde par une écharpe
dorée, brodée de soie noire.

La tenue d'officier du régiment Semenovsky de la garde
impériale, conservée aujourd'hui au musée de l'Ermitage,
a appartenu à l'héritier du trône, le grand-duc Piotr
Fedorovitch, futur Pierre III. Dans l'armée russe, au
XVIIIe siècle, l'aigrette blanche en plumes d'autruche sur
le chapeau indique le rang de général. Mais, puisque dans
la Garde les postes d'officiers supérieurs sont occupés par
des généraux, le panache blanc sur le chapeau désigne
les officiers supérieurs.

S.P.

17 Virgilius Eriksen (1722-1782)

PORTRAIT DE L'IMPÉRATRICE CATHERINE II À CHEVAL

Après 1762
Huile sur toile
195 × 178,3 cm, sans cadre
Signé en bas au centre : *V Erik... pinx.* Sur le tronc d'arbre
se trouvent un monogramme et une date : *D. 28 YULI.*
Musée de l'Ermitage
Inv. ГЭ-1312
Entré en 1920 ; ancienne collection du Palais anglais de Peterhof.

Catherine II est représentée sur un cheval nommé *Brillante* (le Diamant), le jour du coup d'État du 28 juillet 1762, dans l'uniforme du régiment Semenovsky appartenant au sous-lieutenant A. F. Talytsine. C'est dans cet uniforme qu'elle a fait le voyage de Saint-Pétersbourg à Peterhof en campagne contre son mari l'empereur Pierre III, à la tête des régiments de la Garde qui l'ont proclamée impératrice.

Le peintre de la Cour, Virgilius Eriksen, a répété cette composition à plusieurs reprises suivant les commandes de Catherine II, en variant les dimensions des tableaux ; le plus grand d'entre eux fut créé pour la salle d'audiences du Grand Palais de Peterhof.

E.R.

18 ROBE ET MANTEAU DE ROBE DITS D'«UNIFORME»
DE L'IMPÉRATRICE CATHERINE II, SELON LE MODÈLE DU
RÉGIMENT PREOBRAJENSKY DE LA GARDE IMPÉRIALE

Russie, 1776
Soie, fil métallique, alliage cuivreux estampé et doré
Manteau de robe : hauteur de corsage devant 153 cm ;
périmètre du bas 512 cm
Robe : hauteur du dos 188 cm ; tour de taille 103 cm
Musée de l'Ermitage
Inv. ЭРТ-15588, ЭРТ-11016
Entré en 1950 ; ancienne collection du Musée historique
d'artillerie ; conservé avant 1917 dans l'Arsenal du musée
de l'Ermitage.

C'est au XVIIIᵉ siècle que s'est mise en place la tradition
selon laquelle les souverains parrainaient des unités de la
Garde ou de la ligne. Le jour de la fête d'un régiment, les

impératrices portaient des robes dites d'«uniforme»,
confectionnées conformément aux tenues des régiments
correspondants. Le style de cette tenue réunit de façon
originale les traits de la mode française (la robe à bords
jointifs, portée sur un panier) et les détails du costume
russe ancien (robe ample, sans taille, pourvue de longues
manches fendues). Par ailleurs, la coupe associe aux
spécificités du costume féminin des particularités
masculines (les manches et le dos).

Essayant de conférer un caractère national au costume
de la cour russe, Catherine II introduit des détails tradi-
tionnels dans les tenues. La robe d'«uniforme» de
Catherine la Grande, confectionnée en 1776, constitue
l'une des variantes de la robe de cour «nationale» qui se
répand largement sous le règne de cette impératrice.

N. T.

19 UNIFORME D'OFFICIER DU RÉGIMENT DE LA GARDE À CHEVAL

Russie, vers 1760-1770
Drap, soie, toile, cuivre doré, galon métallique
Habit (caftan) : dos 104 cm ; tour de taille 96 cm
Veste *(kamzol)* : dos 81 cm ; tour de taille 90 cm
Musée de l'Ermitage
Inv. ЭРТ-11034, ЭРТ-11035

Le régiment de la Garde à cheval, créé par l'impératrice Anna Ioannovna, était le seul régiment de cavalerie de la garde impériale russe jusqu'à l'époque de Paul Ier. Pendant le règne de Catherine II, la Garde à cheval montait la garde à l'extérieur des résidences impériales et ne participait pas aux opérations de guerre.

S.P.

20 CASQUE DES GRENADIERS DU RÉGIMENT
IZMAÏLOVSKY DE LA GARDE IMPÉRIALE

Russie, 1763-1796
Cuir, cuivre ciselé et doré, émaux peints
30 × 20 × 21,5 cm
Musée de l'Ermitage
Inv. ЭРТ-16418

Les coiffures des officiers des compagnies de grenadiers
des régiments de la garde impériale ont une structure
semblable à celles de la troupe, mais elles sont plus
richement décorées. À partir de 1763, les plaques
frontales permettent de distinguer chaque régiment.

S.P.

21 ÉTENDARD DU CORPS DES CHEVALIERS-GARDES
DE LA GARDE IMPÉRIALE

Russie, 1799
Soie, bois, alliage cuivreux doré, cuir, fil métallique, émail
Tablier : 43 × 56 cm
Longueur de la hampe avec pique 314,5 cm ; longueur de la
traverse 70,5 cm
Musée de l'Ermitage
Inv. 3H-1567
Entré en 1950 ; ancienne collection du Musée historique
d'artillerie.

Les symboles de l'ordre de Saint-Jean-de-Jérusalem
(l'ordre de Malte) ont été figurés sur les drapeaux et
étendards russes sous le règne de Paul Ier, lequel a pris le
titre de grand maître de l'ordre après l'occupation de l'île
de Malte par Napoléon.

G.V.

22 Anonyme

PORTRAIT DE L'EMPEREUR PAUL Ier

Fin XVIIIe – début XIXe siècle
Huile sur toile
62,5 × 48 cm (ovale), sans cadre
Musée de l'Ermitage
Inv. ЭРЖ-581
Entré en 1946 ; ancienne collection du Musée central de l'histoire
militaire ; ce portrait était conservé auparavant au château des
Ingénieurs.

Paul Ier (1754-1801), empereur de Russie à partir de 1796,
est le fils du grand-duc Piotr Fedorovitch (Pierre III) et de
la grande-duchesse Ekaterina Alexeevna (Catherine II).
Il est représenté dans l'uniforme du régiment
Preobrajensky modèle 1796, avec les insignes des ordres
de Saint-André et de Sainte-Anne.

Û.G.

21

22

23 HABIT D'OFFICIER DU RÉGIMENT PREOBRAJENSKY
DE LA GARDE IMPÉRIALE

Russie, 1800-1801
Drap, soie, toile, fil métallique, lamé d'or, cuivre doré
Dos 112 cm ; tour de taille 80 cm
Musée de l'Ermitage
Inv. ЭРТ-11062

Durant les cinq années du règne de l'empereur Paul Iᵉʳ, les uniformes des régiments d'infanterie de la garde impériale ont changé à quatre reprises. Les uniformes des officiers modèle 1800 et 1801 étaient couverts de broderies d'or non seulement sur le col et les parements, mais également sur les revers.

L'empereur Paul Iᵉʳ a été assassiné dans sa chambre, la nuit du 10 au 11 mars 1801, par un groupe de conspirateurs parmi lesquels se trouvaient des généraux et des officiers des régiments de la garde impériale.

S.P.

24 HABIT DU MAJOR-GÉNÉRAL ALEXEÏ PETROVITCH
ORLOV

Russie, 1801
Tissus et galon d'argent
Musée du régiment des Cosaques de S.M. l'empereur
Entré au musée en 1803.

Alexeï Petrovitch Orlov commande le régiment des
cosaques du 10 mai 1801 au 30 décembre 1802.
Le demi-caftan d'hiver bleu foncé n'est en fait pas réglementaire, il devrait descendre jusqu'aux genoux. Les
broderies ont été introduites en 1801. En grande tenue,
le même demi-caftan, en étoffe rouge est porté.   G.G.

25 TABLIER DE GUIDON D'UN ESCADRON DES COSAQUES
DE LA GARDE IMPÉRIALE

Russie, 1799
Soie, fil métallique
Tablier : 42,5 × 146 cm
Longueur avec les franges : 51 × 150 cm
Musée de l'Ermitage
Inv. 3H-1593
Entré en 1950 ; ancienne collection du Musée historique
d'artillerie.

24

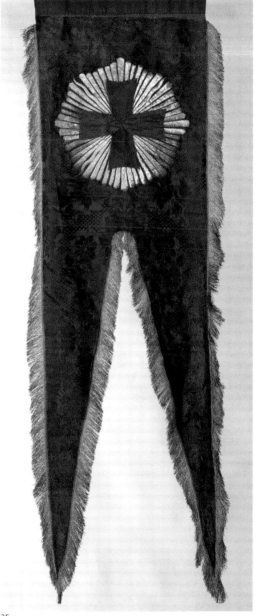

25

26 Anonyme

PORTRAIT DU GRAND-DUC ALEXANDRE PAVLOVITCH

Fin XVIIIe – début XIXe siècle
Huile sur toile
81 × 63,5 cm, sans cadre
Musée de l'Ermitage
Inv. ЭРЖ-605
Entré en 1941 ; ancienne collection du Musée ethnographique d'État.

L'empereur Alexandre Ier (1777-1825) est le fils aîné du grand-duc Pavel Petrovitch (futur Paul Ier) et de la grande-duchesse Maria Fedorovna. Il est tsarévitch avant 1801 et empereur entre 1801 et 1825.

Alexandre, séparé de ses parents dès l'enfance, est éduqué à la cour de sa grand-mère, l'impératrice Catherine Ire. En 1796, après l'avènement au trône de son père, Paul Ier, il entre à la cour de ce dernier et est placé à la tête du régiment Semenovsky de la garde impériale. En 1801, un complot tramé contre Paul Ier entraîne la mort de l'empereur, tué par un groupe de généraux et d'officiers de la Garde. Après avoir accédé au trône, Alexandre déclare que sous son règne « tout sera comme sous celui de sa grand-mère ».

Il est représenté ici dans l'uniforme modèle 1796 du régiment Semenovsky de la garde impériale, avec les insignes des ordres de Saint-André et de Sainte-Anne.

Û.G., S.P.

27

26

27 UNIFORME D'OFFICIER DU RÉGIMENT SEMENOVSKY DE LA GARDE IMPÉRIALE, AYANT APPARTENU AU TSARÉVITCH ALEXANDRE PAVLOVITCH

Russie, 1797
Drap, estamet, toile, broderie de fil métallique, cuivre estampé et doré
Habit : dos 119 cm ; tour de taille 86 cm
Gilet : dos 57 cm ; tour de taille 90 cm
Musée de l'Ermitage
Inv. ЭРТ-11063, ЭРТ-11071

L'empereur Paul Ier a mis en usage de nouveaux uniformes pour la Garde et l'armée de ligne russes. Aux officiers de la garde impériale a été accordée une broderie au dessin particulier pour chaque régiment.

Le tsarévitch Alexandre Pavlovitch, futur empereur Alexandre Ier, a été nommé chef du régiment Semenovsky de la garde impériale. La tenue militaire de l'époque de Paul Ier se reconnaît notamment à la coiffure : cheveux poudrés avec des marteaux et une longue tresse. Sur le col de l'uniforme du régiment Semenovsky ayant appartenu à Alexandre Ier se détache nettement une tache grasse due à cette tresse de cheveux.

S.P.

28 SABRE DE LA *LEIB-COMPAGNIE*, MODÈLE 1741-1761

Russie, 1748

Acier, alliage de cuivre ; forge, fonte, ciselure, sculpture, dorure

Longueur d'ensemble 90 cm ; longueur de la lame 72 cm

Sur un côté de lame, le chiffre : *EP* couronné, en cyrillique ; sur l'autre : *À Dieu et à la Patrie. An 1748.*

Musée de l'Ermitage

Inv. 3O-2362

Entré en 1922 ; ancienne collection de l'Arsenal du palais Anitchkov.

28

29 LATTE DU RÉGIMENT DE LA GARDE À CHEVAL, MODÈLE 1741-1761

Russie, 1760-1770

Acier, alliage cuivreux fondu, ciselé, sculpté, gravé et doré, bois, cuir, fil de métal torsadé

Longueur d'ensemble 104,5 cm ; longueur de lame 90 cm

Sur les deux côtés des lames sont gravées les armes de Russie.

Musée de l'Ermitage

Inv. 3O-1468

Entré en 1922 ; ancienne collection de l'Arsenal du palais Anitchkov.

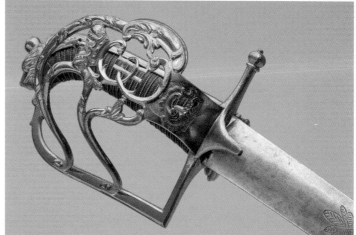

29

30 LATTE DU RÉGIMENT DE LA GARDE À CHEVAL, MODÈLE 1741-1761

Russie, Toula (?), vers 1750

Acier, alliage cuivreux fondu, ciselé, sculpté et doré, bois, galuchat, drap

Longueur d'ensemble 112 cm ; longueur de lame 97,5 cm

Marque sur le té : *ΦIM* en cyrillique

Sur un côté de lame, inscription : *À Dieu et à la Patrie* ; sur l'autre côté : *Vivat Élisabeth la Grande.*

Musée de l'Ermitage

Inv. 3O-1306

Entré en 1919 ; ancienne collection de la Commission d'instruction du Bureau de la protection des monuments historiques.

30

Глава III

LES GUERRES NAPOLÉONIENNES 1801-1815

Sous le règne d'Alexandre Ier, après quatre-vingts ans au service de la Cour, la garde impériale russe redevient une force de combat. À partir de 1805, elle prend part vaillamment à toutes les batailles importantes des guerres napoléoniennes auxquelles participe l'armée russe. Les régiments de la garde impériale, les plus fidèles et les plus vaillants, se trouvent habituellement en réserve, jusqu'au moment décisif où ils sont envoyés au cœur de l'affrontement pour sauver la situation. Parfois, ces régiments d'élite paient de leur sang les erreurs de commandement, mais la Garde bénéficie en premier lieu de la gloire et des honneurs pour le sang versé. Le service dans la Garde est le plus prestigieux et le plus désiré par tout jeune aristocrate russe. Les Apraxine, Repnine, Bibikov, Volkonsky sont des représentants des brillantes lignées de Russie, ayant porté les épaulettes d'officier au cours de ces années. Pour un soldat, le transfert dans la Garde est une récompense de sa valeur et de son héroïsme ; dans des cas particuliers, un régiment entier, s'étant spécialement illustré, peut être rattaché à la Garde par un ordre impérial.

Pendant les guerres napoléoniennes, le nombre des unités affectées à la Garde a connu une croissance constante. En 1815, la Garde constitue un corps à part, comportant toutes les armes, artillerie et sapeurs inclus. Elle possédait même son propre état-major.

31 DRAPEAU DIT « DE SAINT-GEORGES » DU RÉGIMENT PREOBRAJENSKY DE LA GARDE IMPÉRIALE

Russie, 1813
Soie peinte, bois, alliage cuivreux doré
Tablier : 147 × 142 cm ; longueur de la hampe avec pique 318 cm
Musée de l'Ermitage
Inv. 3H-2046
Entré en 1950 ; ancienne collection du Musée historique d'artillerie.

32 Anonyme

PORTRAIT D'ALEXANDRE Ier

Premier quart du XIXe siècle
Huile sur toile
84,5 × 66,5 cm, sans cadre
Musée de l'Ermitage
Inv. ЭРЖ-608
Entré en 1941 ; ancienne collection du Musée ethnographique d'État.

Le grand-duc Alexandre Pavlovitch (1777-1825) est le fils aîné du grand-duc Pavel Petrovitch, qui régna sous le nom de Paul Ier de 1796 à 1801, et de la grande-duchesse Maria Fedorovna. Couronné empereur en 1801 sous le nom d'Alexandre Ier, il règne jusqu'à sa mort – dont les circonstances restent controversées – en 1825.

À partir de 1805, Alexandre Ier est l'un des principaux adversaires de Napoléon en Europe. La Russie participe successivement aux Troisième, Quatrième et Sixième Coalitions antinapoléoniennes. En 1807, après des défaites militaires, Alexandre Ier est forcé de s'allier à Napoléon et signe le traité de Tilsit. En 1809, la paix avec la France est à nouveau rompue.

En 1812, Napoléon lance l'ambitieuse campagne de Russie, qui se termine par la défaite de la Grande Armée. En 1813-1814, Alexandre Ier participe aux campagnes dites « à l'étranger » (campagnes d'Allemagne et de France), sans pour autant se désigner officiellement comme le commandant en chef de l'armée russe. Le 31 mars 1814, Alexandre et les monarques des pays alliés entrent à Paris. En 1814-1815, le souverain russe participe activement à l'institution du nouvel ordre européen au cours du congrès de Vienne.

Sur ce portrait, il est représenté en uniforme du régiment de la garde impériale Semenovsky, dont il est le chef à partir de 1796.   Û.G.

31

33 Peter von Hess (1792-1871)

BATAILLE DE BORODINO, LE 26 AOÛT 1812
(d'après le calendrier julien), appelée par les Français
bataille de la Moskowa, le 7 septembre 1812
(d'après le calendrier grégorien)
1843
Huile sur toile
224 × 355 cm, sans cadre
Musée de l'Ermitage
Inv. ГЭ-5919
Ancienne collection principale de l'Ermitage.

Peter von Hess déploie un large panorama de l'affrontement en montrant simultanément plusieurs étapes de la bataille. Il s'ouvre par l'épisode au cours duquel les régiments de la garde Izmaïlovsky et Litovsky, après avoir pris leurs positions, entament le combat. Dans la partie gauche du tableau, en habits à revers rouges, sont représentés des soldats du régiment Litovsky ; on voit plus loin le carré du 3e bataillon du régiment Izmaïlovsky, à côté duquel chevauche son commandant, le colonel M. E. Khrapovitsky. Il sera blessé peu de temps après.
Le deuxième plan est occupé au centre par les 1er et 2e bataillons du régiment Izmaïlovsky qui font feu sur la cavalerie française. La partie droite du tableau montre les régiments des cuirassiers de la garde de Leurs Majestés, précédés d'un général en chapeau à plumet blanc, vraisemblablement le commandant de la brigade de cuirassiers, Nikolaï Mikhaïlovitch Borozdine. À ses cotés se trouve un aide de camp en uniforme du régiment des cuirassiers d'Astrakhan, que commandait Borozdine.
Au centre de la composition, le lieutenant-général Piotr Ivanovitch Bagration, blessé, donne des ordres au commandant de la 3e division d'infanterie Piotr Petrovitch Konovnitsyne, monté sur un cheval blanc. Le chef d'état-major de Bagration, Guillaume-Emmanuel Guignard de Saint-Priest, fils d'un noble français émigré, conduit à son commandant blessé l'inspecteur général du Service de santé de l'armée, James Wylie. Dans le groupe des officiers on distingue le *general-kvartirmeister* Karl Wilhelm Toll, envoyé par le général Mikhaïl Illarionovich Golenichtchev-Koutouzov sur le flanc gauche afin de le renseigner sur la situation tactique. À proximité, sont représentés des cuirassiers et des fantassins tués et blessés. Des soldats des régiments d'infanterie de Mourom et d'Oufa transfèrent vers l'arrière des Français capturés, ainsi qu'un chariot, sur lequel est assis le commandant de la 2e division de marche des grenadiers, le général Mikhaïl Semenovitch Vorontsov, blessé durant la défense des flèches (redoutes d'artillerie). Il est accompagné d'un officier subalterne des cuirassiers blessé. Au fond, à gauche, Joachim Murat, maréchal de l'Empire, organise la cavalerie pour une nouvelle attaque. Plus loin encore, sont représentés l'artillerie en train de faire feu, les réserves des Français et, entre les deux, l'état-major de Napoléon. Au centre du tableau, le corps du prince Eugène de Beauharnais attaque la batterie de Raevsky.
Ce tableau est le plus connu de la grande série d'œuvres représentant les batailles de la guerre de 1812, exécutée par le peintre allemand Peter von Hess sur commande de l'empereur Nicolas Ier. Les toiles devaient orner les salles des batailles au palais d'Hiver à Saint-Pétersbourg.

B.A., S.P.

34 Vassili Andreevitch Tropinine (1780-1857)

PORTRAIT D'ARTEMIY EKIMOVITCH (AKIMOVITCH)
LAZAREV, CAPITAINE EN SECOND DU RÉGIMENT DES
HUSSARDS DE LA GARDE IMPÉRIALE

Vers 1815-1820
Huile sur toile
43 × 34,3 cm, sans cadre
Inscription au dos : *М.А.Е.Л.*, en cyrillique
Musée de l'Ermitage
Inv. ЭРЖ-163.
Entré en 1941 ; ancienne collection du Musée ethnographique
d'État ; il se trouvait auparavant dans la collection du comte
S. S. Abamelek-Lazarev.

Artemiy Ekimovitch (Akimovitch) Lazarev (1791-1813),
officier au régiment des hussards de la garde impériale,
s'est distingué lors de la bataille de Krasnoe (15-
18 novembre 1812). Tué lors de la bataille des Nations à
Leipzig (16-19 octobre 1813), il est inhumé à Saint-
Pétersbourg en 1815.

Il pose ici en grande tenue du régiment des hussards de
la garde impériale, portant les ordres de Sainte-Anne de
2e classe et de Saint-Vladimir de 4e classe, la médaille
commémorative de la guerre patriotique de 1812 et la croix
de Kulm. Il s'appuie sur la garde d'un « sabre d'or », arme
de récompense où figure l'inscription *Pour la bravoure*.

Û.G.

35 Anonyme

PORTRAIT DE PAVEL GAVRILOVITCH BIBIKOV

1804-1805
Huile sur toile
65 × 52,7 cm, sans cadre
Musée de l'Ermitage
Inv. ЭРЖ-744
Entré en 1941 ; ancienne collection du Musée ethnographique
d'État.

Pavel Gavrilovitch Bibikov (1786-1812) a quitté en 1804
le régiment des grenadiers de la ligne pour entrer comme
sous-lieutenant au régiment Semenovsky de la garde
impériale. Le 2 décembre 1805, il participe à la bataille
d'Austerlitz. Au printemps 1806, il est récompensé par la
remise d'une arme dite « arme d'or » portant l'inscription
Pour la bravoure. En 1807, il est promu au rang de
lieutenant, en 1809 à celui de capitaine en second et, la
même année, il est muté avec rang de major dans le
régiment des mousquetaires de la ligne d'Oufa.
P. G. Bibikov est représenté dans la tenue du régiment avec
un insigne non réglementaire témoignant du fait qu'il a
reçu une « arme d'or » *Pour la bravoure*.
L'épaulette et l'épingle portant la représentation d'une
épée sont des repeints postérieurs.

Û.G.

35

36 Anonyme

PORTRAIT DE VASSILI PETROVITCH NOVOSSILTSEV

1809
Huile sur toile
67,8 × 54 cm, sans cadre
Au dos du tableau inscription en cyrillique à la peinture noire :
Vassili Petrovitch // Novossiltsov
Musée de l'Ermitage
Inv. ЭРЖ-149
Entré en 1941 ; ancienne collection du Musée ethnographique
d'État.

L'enseigne Vassili Petrovitch Novossiltsev (1789-1805),
fils du sénateur P. I. Novossiltsev (1745-1805), est décédé
le 25 novembre 1805 des suites des blessures reçues
pendant la bataille d'Austerlitz.
Sur ce portrait posthume, V. P. Novossiltsev est représenté
en uniforme d'officier subalterne du régiment
Preobrajensky de la garde impériale.

Û.G.

36

37

37 Anonyme

PORTRAIT D'UN OFFICIER DU RÉGIMENT IZMAÏLOVSKY
DE LA GARDE IMPÉRIALE

1807-1809
Huile sur toile
66,5 × 53,5 cm
Musée de l'Ermitage
Inv. ЭРЖ-168
Entré en 1941; ancienne collection du Musée ethnographique
d'État; se trouvait auparavant dans le palais du grand-duc
Serguei Alexandrovitch.

L'officier est représenté avec les insignes des ordres de
Sainte-Anne de 2ᵉ classe et de Saint-Vladimir de 4ᵉ classe
avec rosette. On peut dater ce portrait grâce aux aiguillettes qui ornent son épaule droite et à l'épaulette sur son
épaule gauche. Leur port par des officiers d'infanterie de
la Garde est prescrit par le règlement entre 1807 et 1809.
Après cette date, les aiguillettes sont remplacées par
une seconde épaulette.
Or, dans les listes du régiment Izmaïlovsky établies
entre 1807 et 1809, n'est mentionné aucun officier qui
porterait les ordres de Sainte-Anne de 2ᵉ classe et de
Saint-Vladimir de 4ᵉ classe. De fait, l'ordre de Sainte-
Anne semble un repeint postérieur. Selon toute vraisemblance, le modèle serait soit Nikolaï Evgrafovitch Oukov,
soit Nikolaï Faddeevitch Voropanov. Tous deux ont été
récompensés par l'ordre de Saint-Vladimir de 4ᵉ classe
après la bataille de Friedland (Oukov en tant que
capitaine en second, Voropanov en tant que lieutenant)
et de l'ordre de Sainte-Anne de 2ᵉ classe après la bataille
de la Moskova (Oukov en tant que capitaine et
Voropanov, capitaine en second).

Û.G.

38 Anonyme

PORTRAIT D'ALEXEÏ PETROVITCH ORLOV

1801-1802
Huile sur toile
69 × 56,5 cm, sans cadre
Musée de l'Ermitage
Inv. ЭРЖ-137
Entré en 1941; ancienne collection du Musée ethnographique
d'État; ce portrait se trouvait auparavant dans la collection
d'I. D. Orlov.

Alexeï Petrovitch Orlov (1761-1857), général de brigade,
est le frère de V. P. Orlov, ataman des cosaques du Don.
Il commence son service parmi les effectifs de l'armée du
Don en 1774; le 28 février 1790, il est promu lieutenant-
colonel. En 1791, en récompense de sa conduite lors des
affaires turques, il est décoré de l'ordre de Saint-Georges

38

39

de 4ᵉ classe. Il sert ensuite dans les régiments des cosaques de Boug et de Voznesensk. Le 10 mars 1799, avec le rang de général de brigade, il est promu commandant du 3ᵉ escadron du régiment des cosaques de la garde impériale, puis dirige bientôt le régiment entier. Il démissionne le 30 décembre 1802.

Il est représenté avec les insignes des ordres de Saint-Georges de 4ᵉ classe, de Saint-Vladimir de 4ᵉ classe et la croix de commandeur de l'ordre de Saint-Jean-de-Jérusalem.

Û.G.

39 Anonyme

PORTRAIT D'IVAN SEMENOVITCH KHRAPOVITSKY

1809-1810
Huile sur toile
67,3 × 57 cm, sans cadre
Musée de l'Ermitage
Inv. ЭРЖ-135.
Entré en 1941 ; ancienne collection du Musée ethnographique d'État.

Ivan Semenovitch Khrapovitsky (1786-1864) a participé à la campagne de 1805-1807, notamment à la bataille d'Austerlitz. En 1810, il démissionne pour cause de maladie avec le grade de capitaine de cavalerie.

Pendant la guerre patriotique de 1812, il combat dans la milice populaire en tant que lieutenant-colonel. À partir de 1818, il sert aux Archives du collège des Affaires étrangères à Moscou, avec le titre de gentilhomme de la chambre. En 1820, il est employé au ministère des Finances. Entre 1821 et 1824, il est vice-gouverneur d'Orel, puis, en 1824-1827, vice-gouverneur de Moscou, gouverneur civil de Saint-Pétersbourg et chambellan. Entre 1827 et 1829, il est gouverneur de Nijni-Novgorod. Il est représenté en tenue dite « de bal » du régiment des chevaliers-gardes avec un insigne non réglementaire rappelant la récompense qui lui a été octroyée, une arme d'honneur dite « de Sainte-Anne » correspondant à l'ordre de Sainte-Anne de 3ᵉ classe – puis de 4ᵉ classe à partir de 1815. Il a reçu cette décoration en avril 1806 pour la bravoure dont il a fait preuve lors de la bataille d'Austerlitz.

Û.G.

40

41

40 SHAKO D'INFANTERIE DE LA GARDE IMPÉRIALE

Russie, 1812-1817
Cuir, toile, laiton ciselé
20,5 × 26,5 × 26,5 cm
Musée de l'Ermitage
Inv. ЭРТ-10900
Entré en 1946 ; ancienne collection du Musée ethnographique
d'État.

Cordon-raquette d'officier
Russie, 1808-1828
Cordon et frange de clinquant
Longueur totale : 102 cm
Musée de l'Ermitage
Inv. ЭРТ-10804
Entré en 1946 ; ancienne collection du Musée ethnographique
d'État.

41 SHAKO DE TROUPE DU RÉGIMENT PREOBRAJENSKY
DE LA GARDE IMPÉRIALE

Russie, 1812
Cuir, drap, toile, cordon de laine tressé, laiton ciselé
16,5 × 27 × 28,5 cm
Musée de l'Ermitage
Inv. ЭРТ-10901
Entré en 1946 ; ancienne collection du Musée ethnographique
d'État.

Des shakos de ce modèle furent en vigueur dans les
corps d'infanterie de la garde impériale entre 1812 et
1817.

Plumet de shako d'infanterie
Russie, 1812-1844
Crin, fil de lin, fer, fanon de baleine
Longueur 60 cm ; diamètre (max.) 8 cm
Musée de l'Ermitage
Inv. ЭРТ-10917
Entré en 1946 ; ancienne collection du Musée ethnographique
d'État.

Les shakos ornés d'un tel plumet ont été utilisés dans l'infanterie russe jusqu'en 1844, date à laquelle ils ont été
remplacés par les casques.   A.V.S.

42 UNIFORME DE SOLDAT DU RÉGIMENT SEMENOVSKY
DE LA GARDE IMPÉRIALE

Russie, 1812-1817
Drap, kersey, toile, galon de laine *(basson)*, laiton fondu
Dos 91 cm ; tour de taille 95 cm
Musée de l'Ermitage
Inv. ЭРТ-10678
Entré en 1946 ; ancienne collection du Musée ethnographique
d'État.

L'appartenance de cet uniforme au régiment Semenovsky
de la garde impériale est indiquée par les boutonnières
bordées de galon en laine jaune sur le col et les parements
des manches, ainsi que par le drap bleu sur le col.

A.V.S.

43 UNIFORME D'OFFICIER AVEC LES ÉPAULETTES
DU RÉGIMENT IZMAÏLOVSKY DE LA GARDE IMPÉRIALE

Russie, 1812-1817
Drap, estamet, soie, fil d'or, cuivre doré
Dos 108 cm ; tour de taille 82 cm
Musée de l'Ermitage
Inv. ЭРТ-11097
Entré en 1950 ; ancienne collection du Musée historique
d'artillerie.

Cet uniforme appartenait au grand-duc Nikolaï Pavlovitch
(devenu l'empereur Nicolas Ier en 1825). En 1815, il a porté
cet uniforme à l'occasion de ses fiançailles avec la
princesse Charlotte de Prusse, future impératrice
Alexandra Fedorovna.

A.V.S.

42

43

44

44 GIBERNE D'INFANTERIE DE LA GARDE IMPÉRIALE

Russie, 1802-1825
Cuir, cuivre estampé
17 × 23,5 × 5,5 cm
Musée de l'Ermitage
Inv. ЭРТ-16738
Entré en 1952 ; ancienne collection du Musée ethnographique
d'État.

Cette giberne porte la plaque ronde de la Garde chargée
de l'étoile de l'ordre de Saint-André.

A.V.S.

45 SABRE DE FANTASSIN, MODÈLE 1807

Russie, Toula, début du XIXᵉ siècle

Sabre : acier forgé, alliage cuivreux fondu ciselé et estampé,
drap
Fourreau : cuir, alliage cuivreux fondu, ciselé et estampé,
drap
Dragonne : ruban et laine tressée
Longueur totale 80 cm ; longueur de la lame 65 cm ;
longueur du fourreau 65,3 cm ; longueur de la
dragonne 63 cm
Poinçon sur le talon : *PK* (?)
Musée de l'Ermitage
Inv. ЗО-7568 / 1, 2, 3
Entré dans les années 1930 ; ancienne collection du palais de
Gatchina.

46 SABRE DE SOUS-OFFICIER D'INFANTERIE,
MODÈLE 1807

Russie, Toula, début du XIXᵉ siècle
Sabre : acier, alliage cuivreux forgé, fondu, ciselé et doré,
drap
Dragonne : ruban et laine tressée
Longueur d'ensemble 78,6 cm ; longueur de la lame 64,7 cm ;
longueur du fourreau 63 cm
Musée de l'Ermitage
Inv. ЗО-8269 / 1, 2
Entré en 1922 ; ancienne collection de l'Arsenal du palais
Anitchkov.

45

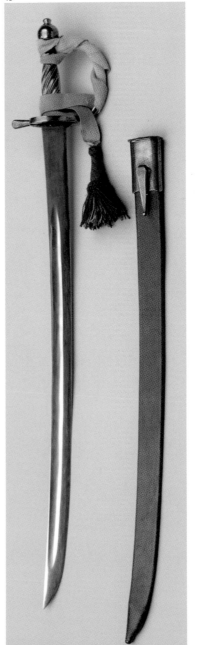

46

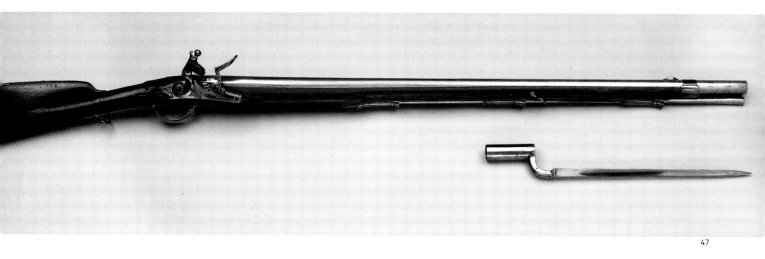

47 FUSIL D'INFANTERIE, MODÈLE 1762

Russie, Toula, 1798
Fusil : acier forgé, alliage cuivreux fondu et sculpté, bois
Baguette de fusil : acier fondu
Baïonnette : acier fondu
Longueur d'ensemble 103,5 cm ; longueur du canon 104,2 cm ;
longueur du calibre 18,8 mm ; longueur de la baguette de fusil
143 cm ; longueur de la baïonnette 49 cm
Inscriptions et marques :
– sur le canon, dans la partie supérieure : *R*, armoiries de Russie,
BT (?), et deux poinçons illisibles ; dans la partie inférieure : *R*
– sur la plaque de platine : *Toula 1798* et un poinçon illisible, du
côté interne, *HV* (?)
– sur le pontet : *S P* et un poinçon illisible
– sur la baïonnette : *H T* et deux poinçons illisibles
Musée de l'Ermitage
Inv. 3O-539 / 1, 2, 3
Entré en 1922 ; ancienne collection de l'Arsenal du palais
Anitchkov.

48 FUSIL D'INFANTERIE, MODÈLE 1762

Russie, Toula, 1798
Fusil : acier forgé, cuivre fondu, sculpté et gravé, bois
Baguette de fusil : acier, fonte
Baïonnette : acier, fonte
Longueur d'ensemble 144,2 cm ; longueur du canon 104,2 cm ;
longueur du calibre 19 mm ; longueur de la baguette de fusil
103,3 cm ; longueur de la baïonnette 48,8 cm
Poinçons :
– inscription sur la plaque de platine : *Toula 1798*, poinçon : *NP* ;
sur la partie intérieure : *RC ACTA* (?) en lettres latines
– sur le pontet : *AK MJC* (?) en lettres latines
– sur la baïonnette : *JO* (?) en lettres latines
– sur la baguette du fusil : *V* (?) en lettres latines
Musée de l'Ermitage
Inv. 3O-5582 / 1, 2, 3
Entré en 1922 ; ancienne collection de l'Arsenal du palais
Anitchkov.

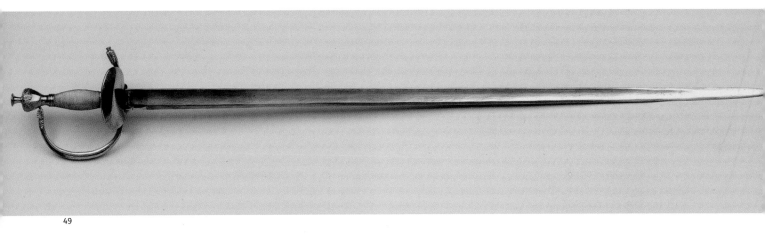

49

49 ÉPÉE D'OFFICIER, MODÈLE 1798-1826, AYANT
APPARTENU AU GRAND-DUC MIKHAÏL PAVLOVITCH (?)

Pologne, Varsovie, maître E. Collette, 1825
Acier forgé et gravé, alliage cuivreux fondu, ciselé, sculpté
et doré, fil de métal torsadé, cuir, drap imitant le damas
Longueur d'ensemble 100 cm ; longueur de la lame 87 cm
Inscription gravée sur le talon de la lame : *ARSENAL
WARSZAWSKI 1825*. Inscription ciselée, sur le dos de la lame :
E. COLLETTE
Musée de l'Ermitage
Inv. 3О-6987
Entré en 1922 ; ancienne collection de l'Arsenal du palais
Anitchkov.

50 ÉPÉE DE RÉCOMPENSE D'OFFICIER
«POUR LA BRAVOURE», MODÈLE 1798-1826,
AYANT APPARTENU À ALEXANDRE Iᵉʳ (?)

Russie, premier quart du XIXᵉ siècle
Épée : acier forgé, alliage cuivreux fondu, ciselé, sculpté et doré,
bois, fil de fer
Fourreau : bois, cuir, alliage cuivreux fondu
Longueur d'ensemble 103 cm ; longueur de la lame 85 cm ;
longueur du fourreau 86 cm
Sur la partie inférieure de la coquille, l'inscription,
gravée à deux reprises : *Pour la bravoure*
Musée de l'Ermitage
Inv. 3О-2408 / 1, 2
Entré en 1922 ; ancienne collection de l'Arsenal du palais
Anitchkov.

51 ÉPÉE D'OFFICIER, MODÈLE 1798-1826,
AYANT APPARTENU À ALEXANDRE Iᵉʳ (?)

Allemagne, 1810-1820
Épée : acier forgé et bleui, alliage cuivreux fondu, sculpté, gravé
et doré, drap, fil d'acier
Fourreau : cuir, alliage cuivreux fondu et estampé
Longueur d'ensemble 104,5 cm ; longueur de la lame 87 cm ;
longueur du fourreau 86,2 cm
Sur la lame, inscriptions : *DIE ERNEUERTE. VERBINDUNG ZUM
WOHL DER MEN SCHHELT. AACHEN AM. TEN... OCTOBER 1818...
et GOTT SEGNE*
Musée de l'Ermitage
Inv. 3О-6926 / 1, 2
Entré en 1922 ; ancienne collection de l'Arsenal du palais
Anitchkov.

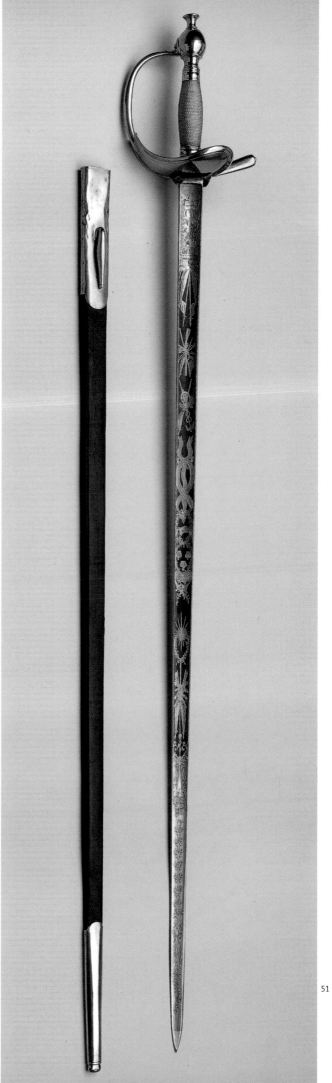

52 PELISSE D'OFFICIER DU RÉGIMENT DES HUSSARDS
DE LA GARDE IMPÉRIALE, AYANT APPARTENU
À L'EMPEREUR ALEXANDRE Iᵉʳ

Russie, 1816-1825
Drap, estamet, soie, fourrure, fil métallique, canetille d'or,
galon, laiton
Dos 56 cm ; tour de taille 100 cm
Musée de l'Ermitage
Inv. ЭПТ-11094
Entré en 1950 ; ancienne collection du Musée historique
d'artillerie.

Durant le règne d'Alexandre Iᵉʳ, chaque arme a ses « représentants » dans la Garde. Le régiment des hussards de la
garde impériale, héritier du détachement des hussards de
Catherine II, se distingue des hussards de la ligne par le
luxe de l'équipement des officiers et des soldats : les
pelisses sont bordées de fourrure de castor ; pour les
cérémonies plus solennelles, les officiers revêtent une
peau d'once (léopard des neiges), jusqu'en 1814.

À partir de janvier 1812, les cols des pelisses et des
dolmans sont taillés à angle droit. Selon l'ordonnance, ils
diminuent en hauteur, comme les cols des tenues de
toute l'armée. À partir de 1816, les tresses des dolmans
et des pelisses sont cousues très serrées, en laissant l'in-
tervalle le plus étroit possible entre elles.

S.P.

53 PELISSE DU RÉGIMENT DES HUSSARDS DE LA GARDE
IMPÉRIALE, MODÈLE TROUPE

Russie, 1812-1816
Drap, kersey, toile, astrakan, galon et cordon de laine, cuivre
Dos 57 cm ; tour de taille 87 cm
Musée de l'Ermitage
Inv. ЭПТ-10270
Entré en 1931 ; ancienne collection de l'Institut des arts
prolétariens ; la pelisse se trouvait auparavant dans l'atelier de
costumes de la classe de peinture de batailles à l'Académie des
beaux-arts.

54 SABRETACHE DU RÉGIMENT DES HUSSARDS
DE LA GARDE IMPÉRIALE, MODÈLE TROUPE

Russie, 1802-1825
Cuir, toile, drap, fil de laine, cuivre
31,5 × 27,5 cm
Musée de l'Ermitage
Inv. ЭПТ-10742
Entré en 1946 ; ancienne collection du Musée
ethnographique d'État.

55 CEINTURE DU RÉGIMENT DES HUSSARDS
DE LA GARDE IMPÉRIALE, MODÈLE TROUPE

Russie, 1800-1810
Fil de laine tressé
91 × 5 cm
Musée de l'Ermitage
Inv. ЭПТ-10774
Entré en 1946 ; ancienne collection du Musée
ethnographique d'État.

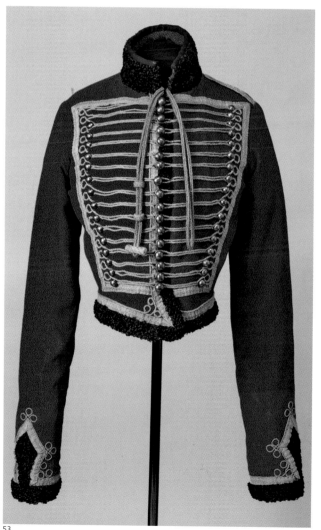

53

54-55

56 UNIFORME D'OFFICIER SUBALTERNE DU RÉGIMENT DES CHASSEURS (JÄGERSKY) DE LA GARDE IMPÉRIALE

Russie, 1816
Drap, soie, toile, fil métallique, galon métallique, brocart, cuivre doré
Dos 87 cm ; tour de taille 73 cm
Musée de l'Ermitage
Inv. ЭРТ-11099
Entré en 1950 ; ancienne collection du Musée historique d'artillerie.

Le régiment des chasseurs de la garde impériale n'était constitué avant 1816 que d'un bataillon. Il a participé, comme toute l'infanterie de la Garde, à la plupart des batailles de l'armée russe contre Napoléon. Lors des combats, les chasseurs ont été envoyés aux avant-gardes ou ont couvert des flancs de l'infanterie lourde de la garde impériale.

En janvier 1812, le collet des uniformes de l'armée russe a subi des modifications : moins hauts, taillés à angle droit, ils sont désormais équipés d'agrafes. À partir de l'automne 1807, les officiers de toutes les armées, hormis les hussards et certains régiments de cosaques, portent des épaulettes permettant de distinguer les grades : les officiers subalternes ont des épaulettes sans franges, celles des officiers supérieurs sont ornées de franges fines, et celles des généraux d'une frange épaisse torsadée. Les franges et les garnitures des épaulettes peuvent être en or ou en argent, selon la couleur du bouton. Le corps des épaulettes peut être en brocart (dans la Garde ou dans la cavalerie) ou en drap, de la couleur correspondant à celle des pattes d'épaules des soldats du régiment (dans l'infanterie de ligne et dans l'artillerie). En 1815, après le retour de l'armée de la campagne de France, les différents modèles des épaulettes des officiers ont été unifiés. S.P.

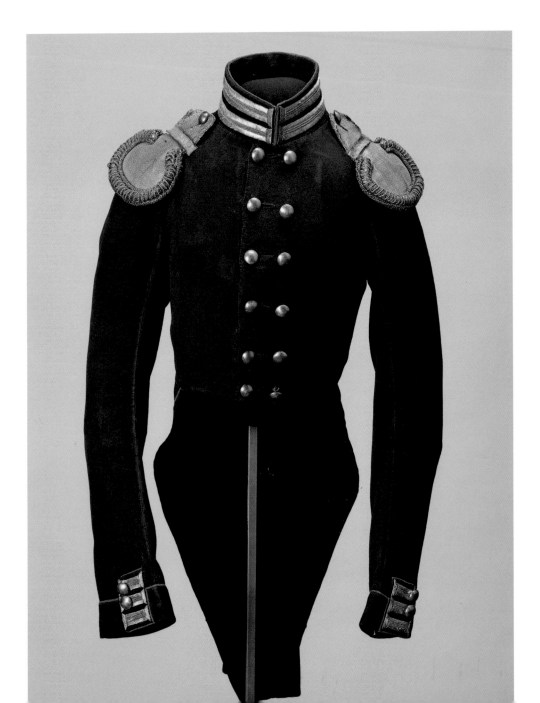

57 VESTE *(KOLET)* DE TROMPETTE D'ARTILLERIE
À CHEVAL DE LA GARDE IMPÉRIALE

Russie, 1810
Drap, kersey, tripe de velours, toile, galon de laine, laiton
Dos 85,5 cm ; tour de taille 88 cm
Musée de l'Ermitage
Inv. ЭРТ-10277
Entré en 1946 ; ancienne collection du Musée ethnographique
d'État.

Il s'agit d'un exemplaire extrêmement rare d'uniforme de
musicien du XIXᵉ siècle. La coupe particulière du *kolet*, la
forme des revers et la présence de tripe de velours noir
utilisée pour les parements et le col sont caractéristiques
du régiment d'artillerie à cheval.

A.V.S.

58 UNIFORME DE SOLDAT DE LA SOTNIA
TCHERNOMORSKAÏA (escadron de la mer Noire)
DU RÉGIMENT DES COSAQUES

Russie, 1810-1820
Drap, toile, galon de laine *(basson)*, cuivre
Dos 49 cm ; tour de taille 79 cm
Musée de l'Ermitage
Inv. ƏPT-10666
Entré en 1946 ; ancienne collection du Musée ethnographique
d'État.

La sotnia des cosaques de la mer Noire de la garde
impériale est formée en 1811, à partir de cavaliers de
l'armée des cosaques de la mer Noire. L'oukase relatif à
la création de cette unité stipule : « Sa Majesté l'empereur,
en expression de sa bienveillance auguste à l'armée de
la mer Noire pour les exploits incomparables démontrés
contre les ennemis de notre Patrie en plusieurs circonstances, désire avoir parmi sa garde auprès de Sa personne
une centaine de cosaques à cheval venus de l'armée de
la mer Noire, les meilleurs hommes, sous le commandement d'un officier supérieur de la même armée et le
nombre nécessaire d'officiers recrutés parmi les plus
excellents. Ledit détachement jouira ici des mêmes droits
et privilèges que toute la Garde. »
Fiers de cet honneur, les cosaques de la mer Noire se
battent avec une bravoure remarquable. Durant la
campagne de 1812, sous le commandement de leur
capitaine *(rotmistre)*, Alexeï Bezrodny, ils attaquent et
renversent la cavalerie française qui les dépassait en
nombre. Lors de la bataille de Leipzig, la contre-attaque
réussie de la sotnia de la mer Noire et des hussards
prussiens du comte Nostitz contre la percée des cuirassiers
du général de La Tour-Maubourg a sauvé le commandement des Alliés menacé d'être capturé.
La vaillance démontrée lors des combats a valu à la
sotnia des cosaques de la mer Noire, en 1861, le titre
d'escorte personnelle de Sa Majesté l'empereur *(Konvoï)*.
La particularité distinctive de la sotnia des cosaques de
la mer Noire est une veste ou *kourtka* et une redingote ou
tchekmegne pourvues de manches doubles. La manche
supérieure, rabattable, a la même couleur que la
tchekmegne et la manche de dessous bleue ou rouge est
de couleur contraire à celle de la veste. L'appartenance à
la Garde est signalée par des pattes de col et de parements :
argent pour les officiers et jaune pour la troupe.   S.P.

59 CASQUE DU RÉGIMENT DES CHEVALIERS-GARDES, MODÈLE TROUPE

Russie, 1808-1827
Cuir, toile, crin, cuivre estampé, laque
43 × 26 × 17 cm
Musée de l'Ermitage
Inv. ЭРТ-10873
Entré en 1946 ; ancienne collection du Musée ethnographique d'État.

L'élément caractéristique d'une coiffure de la garde impériale est la présence de l'étoile de l'ordre de Saint-André sur la plaque frontale de cuivre du casque.

A.V.S.

60 CASQUE D'OFFICIER DE LA CAVALERIE LOURDE DE LA GARDE IMPÉRIALE

Russie, 1802-1808
Cuir, crin, cuivre estampé, doré et argenté, émail, laque
52 × 37 × 18 cm
Musée de l'Ermitage
Inv. ЭРТ-10874
Entré en 1946 ; ancienne collection du Musée ethnographique d'État.

En 1802, les chevaliers-gardes, les gardes à cheval et l'artillerie à cheval de la garde impériale ont reçu un nouveau modèle de casque de style à l'antique. Les casques d'officier possèdent une crête blanche avec l'avant noir et orange, la plaque frontale en cuivre doré et une étoile en argent de l'ordre de Saint-André appliquée. La cavalerie lourde de la Garde a porté ce type de coiffures lors des batailles d'Austerlitz et de Friedland.
Le musée de l'Ermitage possède l'unique exemplaire du casque d'officier de ce modèle conservé aujourd'hui.

A.V.S., S.P.

59

60

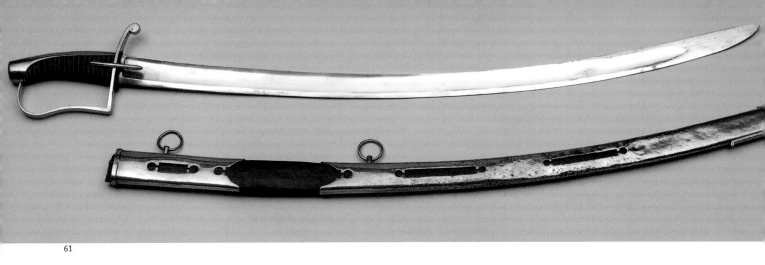

61

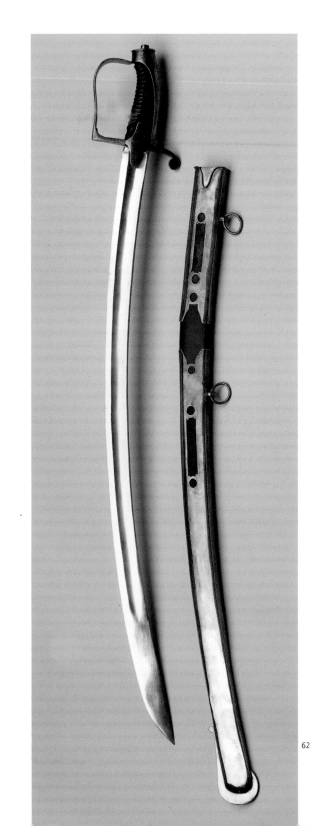

61 SABRE DE TROUPE DE CAVALERIE LÉGÈRE
DE LA GARDE IMPÉRIALE, MODÈLE 1798

Russie, début du XIXe siècle
Sabre : acier forgé, alliage cuivreux fondu, sculpté, ciselé et doré
Fourreau : bois, cuir, alliage cuivreux doré, tissu
Longueur d'ensemble 90,5 cm ; longueur de la lame 77 cm ;
longueur du fourreau 78,5 cm
Musée de l'Ermitage
Inv. ЗО-2327 / 1, 2
Entré en 1922 ; ancienne collection de l'Arsenal du palais
Anitchkov.

62 SABRE D'OFFICIER DE CAVALERIE LÉGÈRE
DE LA GARDE IMPÉRIALE, MODÈLE 1798

Russie, fin du XVIIIe siècle
Sabre : acier forgé, alliage cuivreux fondu, sculpté, ciselé
et doré
Fourreau : bois, cuir, alliage cuivreux fondu et doré
Longueur d'ensemble 94 cm ; longueur de la lame 80 cm ;
longueur du fourreau 82,5 cm
Musée de l'Ermitage
Inv. ЗО-2332 / 1, 2
Entré en 1922 ; ancienne collection de l'Arsenal du palais
Anitchkov.

62

63 LATTE DE CUIRASSIER, MODÈLE 1810

Lame : Allemagne, Solingen, fin du XVIIIe siècle
Garnitures : Russie, premier quart du XIXe siècle
Sabre : acier forgé, alliage cuivreux fondu, sculpté, ciselé, cuir,
fil de cuivre
Fourreau : bois, cuir, acier forgé et fondu
Longueur d'ensemble 105 cm ; longueur de la lame 89,8 cm ;
longueur du fourreau 89,5 cm
Inscriptions :
– sur la lame : le poinçon de Solingen – une tête couronnée
– sur la chape du fourreau : VM ; sur le bracelet B(?)T ;
sur la bouterolle, deux poinçons illisibles
Musée de l'Ermitage
Inv. 3O-7153 / 1, 2
Entré en 1922 ; ancienne collection de l'Arsenal du palais
Anitchkov.

64 LATTE DE CUIRASSIER, MODÈLE 1810

Russie, premier quart du XIXe siècle
Sabre : acier forgé, alliage cuivreux fondu, sculpté, ciselé et doré,
cuir, fil de métal torsadé
Fourreau : acier forgé et fondu
Longueur d'ensemble 108,5 cm ; longueur de la lame 92,5 cm ;
longueur du fourreau 96 cm
Inscriptions :
– sur la branche de garde : M ΠAN (?). Sur le talon de la lame :
des poinçons illisibles
– sur le dard du fourreau : NK ΙΙ (?)
Musée de l'Ermitage
Inv. 3O-2140 / 1, 2
Entré en 1922 ; ancienne collection de l'Arsenal du palais
Anitchkov.

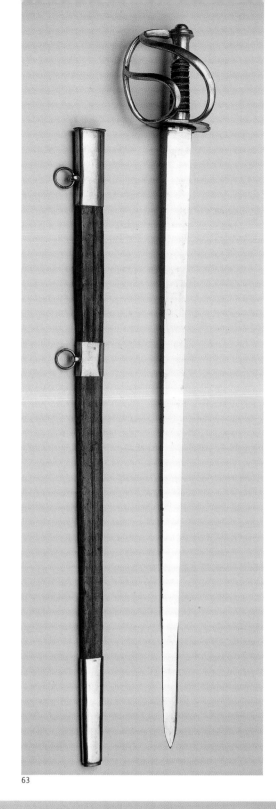

63

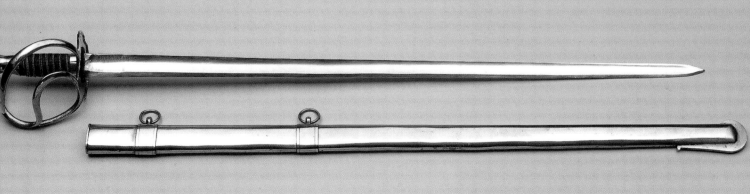

64

65 Gabriel II Mathias Lori fils (Berne, 1784-1846)
D'après Johann Georg Mayr (1760-1816)

VUE DU CHAMP-DE-MARS, DE L'OBÉLISQUE DE
ROUMIANTSEV ET DE LA FAÇADE DU PALAIS DE MARBRE

1804
Gravure à la manière de crayon et aquarelle sur papier
52,5 × 72,2 cm
Titre sous l'image au centre, en français : *Vue du Champ-de-Mars
avec l'obélisque du feld-maréchal comte Pierre de Roumantzoff
[sic] et de la façade du palais de Marbre à St-Pétersbourg ;
pris du côté du Jardin impérial.*
En bas : *Entrepris aux fraix [sic] de Jean Walser, négociant
de première classe à Moscou ; publié en 1799. Avec Privilège
de Sa Majesté impériale Paul Premier – empereur de toutes
les Russies.*
Musée de l'Ermitage
Inv. ЭРГ-29282
Ancienne collection principale de l'Ermitage.

Au début du XIXᵉ siècle, le Champ-de-Mars accueille en
permanence les parades et revues militaires des unités de
la garde impériale casernées à Saint-Pétersbourg.
La gravure représente les soldats du régiment Pavlovsky
de la garde impériale, dont les casernes se trouvaient à
proximité immédiate du Champ-de-Mars. Au fond, se
détache l'obélisque de Roumiantsev (1799), élevé par
l'architecte Vincenzo Brenna en mémoire des victoires de
l'armée russe sous le commandement de Piotr
Alexandrovitch Roumiantsev (1725-1796) pendant la
guerre russo-turque de 1768-1774. En 1818, l'obélisque
a été transféré sur l'île de Vassilievsky pour être installé
sur la place des parades du corps des cadets, où
P. A. Roumiantsev avait servi en tant qu'élève. Tout au fond
se distingue le palais de Marbre construit entre 1768 et
1785 par l'architecte Antonio Rinaldi.

66 Gabriel I Ludwig Lori (Berne, 1763-1840)
Gabriel II Mathias Lori (Berne, 1784-1846)
D'après Johann Georg Mayr (1760-1816)

GRANDE PARADE SUR LA PLACE DU PALAIS

Vers 1800-1805
Gravure à la manière de crayon et aquarelle sur papier
55,5 × 80 cm
Titre sous l'image au centre, en français : *Vue de la grande parade
devant le palais d'Hiver et d'une partie du nouveau boulevard
autour de l'Amirauté à St. Pétersbourg.*
Plus bas, inscription : *Entrepris aux fraix [sic] de Jean Walser,
négociant de première classe à Moscou; publié en 1799 avec
privilège de Sa Majesté impériale Paul Premier – empereur de
toutes les Russies.*
Musée de l'Ermitage
Inv. ЭРГ-20045
Ancienne collection principale de l'Ermitage.

Au premier plan sont représentées des parades de soldats
sur la place du Palais. Au centre se trouve l'empereur
Alexandre Ier à cheval, accompagné par un groupe de
cavaliers. On aperçoit de part et d'autre les bâtiments de
la place du Palais, notamment à droite une partie de la
façade sud du palais d'Hiver, construit de 1754 à 1762 par
l'architecte Francesco Bartolomeo Rastrelli. À l'arrière-
plan, se trouve le boulevard et l'édifice de l'Amirauté.
La place du Palais est la place principale de Saint-
Pétersbourg. Elle tire son nom du palais d'Hiver, dont la
façade sud borde l'un des côtés. Délimitée à l'origine par
les bastions de la forteresse de l'Amirauté et par la rue
Lougovaïa («rue du Pré», aujourd'hui rue Millionnaïa),
elle faisait partie du pré de l'Amirauté. En 1765, l'architecte Alexeï Vassilievitch Kvassov lui donne la forme d'un
hémicycle. Sous le règne de l'empereur Alexandre Ier, la
place est, en toute saison, le lieu de défilés et de
cérémonies militaires.

V.L.

LES DÉCABRISTES 1825

Le matin du 14 décembre 1825 sortent sur la place du Sénat à Saint-Pétersbourg les soldats et les officiers des régiments Moskovsky, Grenadersky et l'Équipage de la Garde. Cette tentative de coup d'État militaire est connu dans l'histoire comme le soulèvement des Décabristes, un événement fatal qui a dévoilé le conflit latent mûri dans la société russe depuis dix ans. Les instigateurs de la révolte sont des membres de sociétés secrètes, de jeunes nobles instruits, représentants de l'aristocratie, dont plusieurs appartiennent à la Garde. L'engouement pour les théories sociales européennes les a conduits à souhaiter des changements dans l'organisation politique de la Russie. Le déclencheur du soulèvement est la mort d'Alexandre Ier et l'avènement au trône de son frère, Nicolas.

Les officiers de la Garde conjurés ont emmené sur la place leurs soldats, sans les prévenir de leurs projets ; contre eux, ont été déployés des régiments de la Garde fidèles au gouvernement.

La révolte a été étouffée à coups de canon. Pour la première fois dans l'histoire, les soldats de la garde impériale ont dû tirer sur leurs camarades. Les gardes participants des deux côtés à cet affrontement sont devenus les victimes de ce conflit qui a davantage écartelé la noblesse que le reste de la Russie.

67 UNIFORME DE GÉNÉRAL D'ARTILLERIE À PIED
DE LA GARDE IMPÉRIALE

Veste d'officier d'artillerie à pied de la garde impériale
Russie, 1817-1825
Drap, estamet, toile, velours, fil métallique, paillettes,
cuivre estampé et doré
Dos 99 cm ; tour de taille 87 cm
Musée de l'Ermitage
Inv. ЭРТ-11108
Entré en 1950 ; ancienne collection du Musée historique
d'artillerie.

Culotte de cheval d'officier d'artillerie à pied de la garde
impériale
Russie, 1820-1830
Drap, toile, ruban de laine, cuir, os
Longueur : 132 cm
Musée de l'Ermitage
Inv. ЭРТ-11126
Entré en 1950 ; ancienne collection du Musée historique
d'artillerie.

Épaulettes de général
Russie, 1810-1830
Carton, toile, brocart, canetille
15,5 × 11,5 cm
Musée de l'Ermitage
Inv. ЭРТ-10778 a, b
Entré en 1946 ; ancienne collection du Musée ethnographique
d'État.

Cet uniforme de général d'artillerie a appartenu au grand-
duc Mikhaïl Pavlovitch, frère cadet de l'empereur
Nicolas Ier. La veste, la culotte et les épaulettes ont été
portées par le grand-duc le jour de la révolte de certaines
unités de la Garde sur la place du Sénat le 14 décembre
1825.

A.V.S

68 UNIFORME D'OFFICIER DU RÉGIMENT
DES GRENADIERS DE LA GARDE IMPÉRIALE

Russie, 1817-1825
Drap, estamet, soie, toile, cuivre doré, fil métallique
Dos 102 cm ; tour de taille 89 cm
Musée de l'Ermitage
Inv. ЭРТ-11104
Entré en 1950 ; ancienne collection du Musée historique
d'artillerie.

Cet uniforme modèle 1817 provient de la garde-robe de
l'empereur Alexandre Ier, qui a commandé le régiment des
grenadiers de la garde impériale du 12 mars 1801 au
19 novembre 1825.

A.V.S.

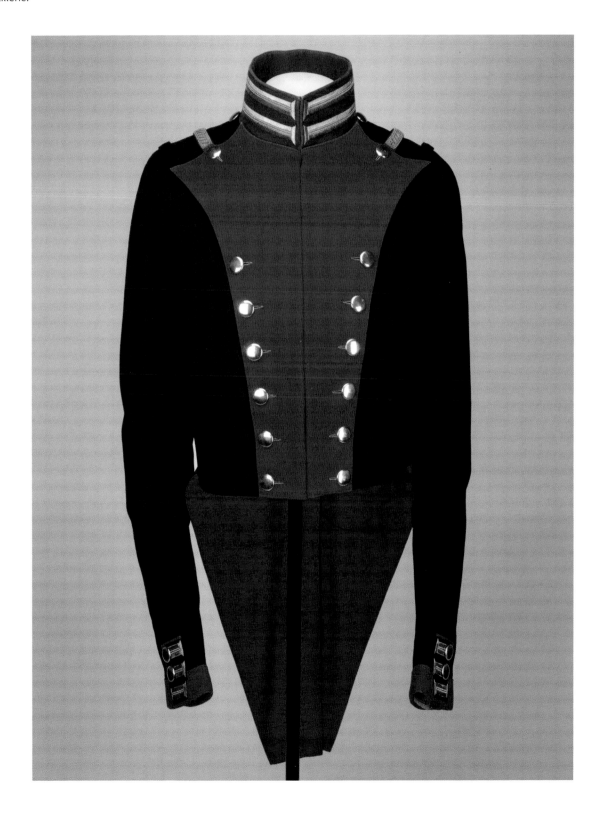

Les Décabristes 1825

69 Vassili Fedorovitch Timm (1820-1895)

ATTAQUE DU CARRÉ DES DÉCABRISTES PAR LE RÉGIMENT DES GARDES À CHEVAL LE 14 DÉCEMBRE 1825

1853
Huile sur toile
129 × 196 cm, sans cadre
Au centre de la partie inférieure, un monogramme de trois lettres cyrilliques entrelacées : *TBΦ* et la date : *1853* ; au dos du tableau, dans l'angle supérieur gauche, la signature : *Vassili Timm. 1853* ; au dos, dans l'angle supérieur droit : *D'après le récit de Sa Majesté a peint Vas. Fed. Timm.*
Au musée du Régiment des gardes à cheval, le tableau comportait une plaque métallique avec l'inscription : *Don de Sa Majesté impériale l'empereur Nikolaï Pavlovitch. 15/VII-53, en mémoire du 14 décembre 1825.*
Musée de l'Ermitage
Inv. ЭРЖ-2379
Entré en 1954 ; ancienne collection du musée d'État de la Révolution, il a été exposé auparavant au musée du Régiment des gardes à cheval (1853-1918), au Musée historique d'artillerie (1918-1925) et au musée d'État de la Révolution (1925-1954).

Le tableau a été peint sur commande de l'empereur Nicolas Iᵉʳ qui souhaitait en faire don aux officiers du régiment des gardes à cheval.
Le régiment des gardes à cheval a été le premier à intervenir sur la place du Sénat pour réprimer le soulèvement des unités de la Garde le 14 décembre 1825, connu sous le nom de « révolte des décabristes ». Le coup d'État, fomenté par un groupe d'aristocrates partageant des idées progressistes, avait pour but d'empêcher l'intronisation de Nicolas Iᵉʳ. Cette révolte a eu un très fort impact sur l'opinion et a considérablement influencé la vie sociale et politique sous le règne de cet empereur.

Û.G., S.P.

Глава V

NICOLAS Ier   1825-1855

Durant le règne de Nicolas Ier, les anciens exploits sont partiellement oubliés, les héros des guerres précédentes sont congédiés ou sont éloignés de la capitale. Dorénavant, on privilégie les exécutants fidèles et sûrs. Un homme vêtu d'un uniforme cesse pratiquement d'être un individu à part entière et devient plutôt un élément de l'ordre général. Tout est unifié : jamais auparavant en Russie les modalités du port de l'uniforme n'ont été si précisément réglementées ; jamais les manœuvres en rangs des fantassins et le dressage de la cavalerie aux manèges n'ont atteint une telle excellence. Cet esprit traverse la Garde de haut en bas et un officier, fût-il général, n'est pas plus libre qu'un simple soldat. Qu'un membre de la Garde soit dans un bal à la Cour, en parade ou en campagne, il est obligatoirement serré dans un habit réglementaire entièrement boutonné. L'empereur Nicolas Ier intervient personnellement dans tous les détails du service militaire de la Garde et contrôle sans relâche l'exécution de tous les règlements. Et cette attention n'est pas un hasard : pour l'empereur, sa Garde n'est pas seulement un corps exemplaire composé des meilleures troupes, mais elle est aussi le visage de son Empire pour les représentants de l'Europe qui voyagent en Russie. Les parades, les revues militaires, les relèves des sentinelles deviennent un trait caractéristique de la vie de Saint-Pétersbourg, qui, précisément dans ces années, est appelée, par Alexandre Pouchkine, « une capitale militaire ».

70 DRAPEAU DE SAINT-GEORGES DU RÉGIMENT
MOSKOVSKY DE LA GARDE IMPÉRIALE

Russie, 1838
Soie, peinture à l'huile, bois, bronze doré, fil métallique
Tablier : 149 × 138 cm ; longueur de la hampe avec pique
349,5 cm
Musée de l'Ermitage
Inv. 3H-2213
Entré en 1950 ; ancienne collection du Musée historique
d'artillerie.

71 Vladimir Dmitrievitch Svertchkov
(1820-1888)

PORTRAIT DE L'EMPEREUR NICOLAS Ier

1856
Huile sur toile
140 × 105 cm, sans cadre
Signé et daté en cyrillique en bas à droite : *V. Svertchkov 1856*.
Musée de l'Ermitage
Inv. ЭРЖ-622
Entré en 1947 ; ancienne collection du Dépôt d'échange du
musée de l'Ermitage.

Nicolas Ier (1796-1855), empereur de Russie à partir de
1825, a épousé la princesse Frederika-Louise-Charlotte-
Wilhelmine (1798-1860), fille du roi de Prusse Frédéric-
Guillaume III.
Il est représenté en grande tenue complète du régiment
des gardes à cheval, avec le cordon et la plaque de l'ordre
de Saint-André. D'après les souvenirs des contemporains,
Nicolas Ier était contraint, après les défilés à l'occasion
desquels il revêtait de beaux uniformes étroits et
malcommodes, de passer quelques jours dans ses appartements privés du palais d'Hiver à cause des contusions
douloureuses qui marquaient son corps. Û.G.

72 UNIFORME DE PETITE TENUE DE L'EMPEREUR
NICOLAS Ier

Russie, vers 1840
Musée du régiment des Cosaques de S.M. l'empereur
Offert au musée en 1856. Déposé au musée royal de l'Armée
et d'Histoire militaire, Bruxelles
Inv. 1109240

Ce *tchekmen* bleu est porté en tenue ordinaire, en tenue
de parade, il est rouge avec le même galonnage.

Contrairement à la tradition qui voulait que tous les
souverains russes se fassent enterrer dans l'uniforme du
régiment de la Garde Preobrajensky, Nicolas Ier se fera
enterrer dans son uniforme rouge de grande tenue du
régiment des cosaques de l'empereur. Cette marque
particulière d'estime était due au fait que, lors de la
révolte des Décabristes (décembre 1825), ce régiment fut
le seul à n'avoir aucun officier mêlé de près ou de loin à
ce mouvement.   G.G.

73 UNIFORME D'OFFICIER DU RÉGIMENT
PREOBRAJENSKY DE LA GARDE IMPÉRIALE

Russie, 1929-1855
Habit
Drap, estamet, toile, fil métallique, paillettes, cuivre ciselé et doré
Dos 101 cm; tour de taille 93 cm
Musée de l'Ermitage
Inv. ЭPT-12749
Entré en 1951; ancienne collection du Musée ethnographique
d'État.

Épaulettes de général
Russie, 2e quart-milieu du XIXe siècle
Carton, brocart, toile, canetille
17 × 18 × 8 cm
Musée de l'Ermitage
Inv. ЭPT-10843
Entré en 1946; ancienne collection du Musée ethnographique
d'État.

Bottes fortes d'officier
Russie, 1825-1850
Cuir, acier
27 × 7,5 × 57 cm
Musée de l'Ermitage
Inv. ЭPT-14862 a, b
Entré en 1951; ancienne collection du Musée ethnographique
d'État.

Éperons amovibles
Russie, XIXe siècle
Acier, cuir
12,5 × 9,5 cm
Musée de l'Ermitage
Inv. ЭPT-11406
Entré en 1950; ancienne collection du Musée historique
d'artillerie.

Culotte d'officier
Russie, 1855-1859
Drap, toile de coton
Longueur : 104 cm
Musée de l'Ermitage
Inv. ЭPT-11133
Entré en 1950; ancienne collection du Musée historique
d'artillerie.

Cet uniforme du régiment Preobrajensky de la garde
impériale, en vigueur entre 1829 et 1855, provient de la
garde-robe de l'empereur Nicolas Ier. Celui-ci a commandé
le régiment entre le 14 décembre 1825 et le 18 février
1855.

A.V.S.

74 UNIFORME D'OFFICIER DU RÉGIMENT SEMENOVSKY
DE LA GARDE IMPÉRIALE

Russie, 1829-1855
Drap, estamet, soie, fil métallique, cuivre estampé et argenté
Dos 98 cm ; tour de taille 82 cm
Musée de l'Ermitage
Inv. ЭРТ-11182
Entré en 1950 ; ancienne collection du Musée historique
d'artillerie.

L'uniforme suit le modèle attribué au régiment
Semenovsky, l'un des régiments les plus anciens de la
garde impériale russe, dont l'histoire remonte à 1683.
L'appartenance à ce régiment est indiquée, en premier
lieu, par les broderies au dessin caractéristique sur le col
et les parements, ainsi que par la couleur distinctive de
l'étoffe.

A.V.S.

75 UNIFORME D'OFFICIER DU RÉGIMENT IZMAÏLOVSKY
DE LA GARDE IMPÉRIALE

Russie, 1829-1855
Toile, estamet, soie, fil métallique, cuivre estampé et doré
Dos 99 cm ; tour de taille 85 cm
Musée de l'Ermitage
Inv. ЭРТ-111883
Entré en 1950 ; ancienne collection du Musée historique
d'artillerie.

L'uniforme est passé de la garde-robe impériale dans la
collection de l'Arsenal de l'Ermitage.
Les documents des archives de l'Arsenal laissent supposer
que l'uniforme pourrait appartenir à l'un des membres de
la famille impériale.

A.V.S.

74

75

76 UNIFORME D'OFFICIER DU RÉGIMENT DES
CHASSEURS (JÄGERSKY) DE LA GARDE IMPÉRIALE

Russie, 1833

Drap, estamet, toile, fil métallique, cuivre doré

Dos 100 cm ; tour de taille 85 cm

Musée de l'Ermitage

Inv. ЭРТ-11184

Entré en 1950 ; ancienne collection du Musée historique
d'artillerie.

La coupe à la française, avec revers, qui caractérise les
habits depuis 1817, évolue peu sous Nicolas Ier. Chez les
chasseurs, le fond passe du vert clair au vert foncé en
1807. En 1810, le même vert foncé, passepoilé d'orange,
est adopté comme couleur distinctive au lieu de l'orange ;
mais sous Nicolas Ier, les chasseurs portent, aux revers et
parements, le passepoil blanc propre à la 1re division d'infanterie de la garde. Les boutons bombés frappés de
l'aigle bicéphale correspondent aux changements
apportés en 1829.   Ém.R.

77 UNIFORME D'OFFICIER DU RÉGIMENT DES SAPEURS
DE LA GARDE IMPÉRIALE

Russie, 1829-1855

Drap, estamet, toile, velours, fil métallique, paillettes, cuivre
estampé et argenté

Dos 106 cm ; tour de taille 88 cm

Musée de l'Ermitage

Inv. ЭРТ-11185

Entré en 1950 ; ancienne collection du Musée historique
d'artillerie.

L'appartenance de cet uniforme à un officier des sapeurs
de la garde impériale est attestée par la broderie caractéristique ornant les pattes de parement et le col, ainsi
que par les boutons frappés de haches et par la
combinaison des couleurs de l'uniforme.

A.V.S.

76

77

78 SHAKO DE LA COMPAGNIE D'ARTILLERIE DE
L'ÉQUIPAGE DE LA GARDE IMPÉRIALE, MODÈLE TROUPE

Russie, 1828-1844
Cuir, toile, cuivre ciselé, cordon de laine tressée
28 × 24,5 × 24,5 cm
Musée de l'Ermitage
Inv. ЭPT-10907
Entré en 1946 ; ancienne collection du Musée
ethnographique d'État.

L'appartenance à l'artillerie est indiquée par deux fûts de
canons croisés dans la partie inférieure de la plaque
frontale, ainsi que par le cordon-raquette de couleur
rouge.

A.V.S.

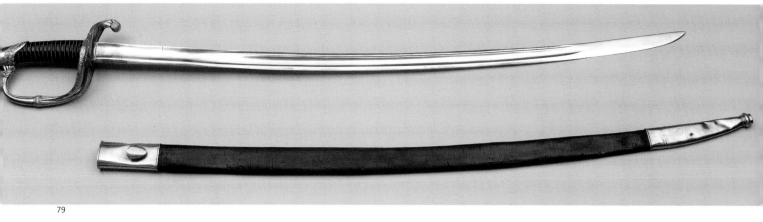

79

79 SABRE DE RÉCOMPENSE « POUR LA BRAVOURE »
D'OFFICIER, MODÈLE 1826, AYANT APPARTENU AU
GRAND-DUC MIKHAÏL PAVLOVITCH (?)

Russie, Toula, 1826
Sabre : acier forgé et gravé, alliage cuivreux fondu, sculpté,
ciselé et doré, cuir, bois, fil de métal
Fourreau : cuir, alliage cuivreux fondu, forgé et doré
Longueur totale 93,5 cm ; longueur de la lame 79,7 cm ;
longueur du fourreau 83,5 cm
Inscription gravée sur le talon de la lame : *TOULA 1826*,
sur la branche de garde : *Pour la bravoure*.
Musée de l'Ermitage
Inv. 30-6896 / 1, 2
Entré en 1922 ; ancienne collection de l'Arsenal du palais
Anitchkov.

80 SABRE *(CHACHKA)* D'ENFANT DE L'ESCORTE
PERSONNELLE DE SA MAJESTÉ L'EMPEREUR,
VARIANTE DU MODÈLE 1838

Lame : Allemagne, Solingen, années 1840
Garniture : Russie, 1840-1845
Sabre : acier forgé, alliage cuivreux fondu, sculpté et doré, bois,
cuivre
Fourreau : bois, cuir, alliage cuivreux fondu, sculpté et doré, drap
Dragonne : cuir, clinquant, fil métallique, fil de couleur, feuille de
métal
Longueur totale 67,8 cm ; longueur de la lame 57,4 cm ; longueur
du fourreau 58,4 cm ; longueur de la dragonne 45 cm
Poinçon sur le talon de la baïonnette : *W Claugerg Solingen* et
chevalier en armure
Musée de l'Ermitage
Inv. 30-6933 / 1, 2, 3
Entré en 1922 ; ancienne collection de l'Arsenal du palais Anitchkov.

80

81 Bogdan (Godfried) Pavlovitch Willewalde
(1819-1903)

CAVALIERS DU RÉGIMENT DES GARDES À CHEVAL

1849
Huile sur toile
98,5 × 88,5 cm, sans cadre
Signé en bas à droite : *G. Willewalde 1849*. À droite, en bas
inscription à la peinture bleue : *263*.
Musée de l'Ermitage
Inv. ЭРЖ-1629
Entré en 1947 ; ancienne collection du Dépôt des musées.

Les régiments de la garde impériale, cantonnés à Saint-
Pétersbourg et ses environs, passent chaque été dans les
camps aux alentours du village de Krasnoe Selo, situés à
25 km de la capitale de l'Empire. Les vastes champs
autour de Krasnoe Selo accueillaient les exercices et les
manœuvres.
Le tableau de G. Willewalde représente un groupe de
soldats de la garde impériale à cheval durant ces
opérations. Officiers, sous-officiers et simples cavaliers,
revenant d'une revue, portent la grande tenue complète.
Au fond, quelques soldats arborent capotes et bonnets de
police, la tenue réglementaire au camp.

Û.G.

81

82 Bogdan (Godfried) Pavlovitch
Willewalde (1819-1903)

UNITÉS DE LA 2ᵉ DIVISION
DE CAVALERIE LÉGÈRE DE LA
GARDE EN ORDRE DE MARCHE
À CHEVAL

1847
Huile sur toile
67,5 × 96 cm, sans cadre
Signé en bas à droite : *G. Willewalde 1847*
Musée de l'Ermitage
Inv. ЭРЖ-2675
Entré en 1970 ; don de M. I. Neytmak.

Le tableau représente des officiers,
des sous-officiers et des soldats des
régiments formant la 2ᵉ division de
cavalerie de la garde impériale :
régiment des hussards Grodnensky,
régiment des dragons, régiment des
lanciers (*Oulany*) de Sa Majesté le
tsarévitch et régiment des cosaques
Atamansky.

Û.G.

82

83

84

83 SHAKO D'OFFICIER DU RÉGIMENT DES HUSSARDS
GRODNENSKY DE LA GARDE IMPÉRIALE
Russie, 1824-1828
Cuir, drap, fil de métal, argent ciselé (pour les plaques, boucle et
deux boutons)
Shako : 21 × 25 cm ; pompon : 22,56 × 7,5 cm
Musée de l'Ermitage
Inv. ЭРТ-10923 a, b
Entré en 1946 ; ancienne collection du Musée ethnographique
d'État.

Ce shako est l'un des rares exemplaires de coiffure portée
par les officiers du régiment des hussards Grodnensky de
la garde impériale (régiment de Grodno). Les couleurs du
métal et du drap du shako (argent et cramoisi) sont en
relation avec les origines des membres du régiment formé
en 1824, tous natifs du royaume de Pologne. L'effigie du
chevalier *pahonie* (poursuivant) qui se trouve sur la plaque
du shako dans l'écu placé sur la poitrine de l'aigle
bicéphale est, par ailleurs, l'un des symboles héraldiques
de la Pologne.   A.V.S.

84 CASQUE D'OFFICIER DU RÉGIMENT DES GRENADIERS
À CHEVAL DE LA GARDE IMPÉRIALE
Russie, 1830-1840
Cuir, toile, galon, cuivre ciselé et doré, crin, fil de métal
32,5 × 27 × 18 cm
Musée de l'Ermitage
Inv. ЭРТ-10880
Entré en 1946 ; ancienne collection du Musée ethnographique
d'État.

S'étant distingué lors de l'assaut de Varsovie en 1831, le
régiment des dragons de la garde impériale est élevé au
rang de régiment des grenadiers à cheval. À ce titre,
certains éléments de l'uniforme des cavaliers ont été
modifiés, comme, plus particulièrement, le casque de
cuir, dont la forme rappelle celle du casque d'infanterie
de la Garde, modèle 1802.

A.V.S.

143

85 UNIFORME DE GÉNÉRAL DU RÉGIMENT
DES HUSSARDS DE LA GARDE IMPÉRIALE

Pelisse
Russie, 1829-1855
Drap, fourrure, estamet, soie, galon, fil métallique
Dos 57 cm ; tour de taille 83 cm
Musée de l'Ermitage
Inv. ЭПТ-11170
Entré en 1950 ; ancienne collection du Musée historique
d'artillerie.

Dolman de général du régiment des hussards de la garde
impériale
Russie, 1829-1855
Drap, estamet, soie, galon, cordon et soutache en fil métalliques,
cuivre estampé et doré
Dos 57 cm ; tour de taille 86 cm
Musée de l'Ermitage
Inv. ЭПТ-11164
Entré en 1950 ; ancienne collection du Musée historique
d'artillerie.

Colback d'officier du régiment des hussards de la garde
impériale
Russie, 1845-1873
Fourrure, drap, soie, cuir, galon
27,5 × 26 × 26 cm
Musée de l'Ermitage
Inv. ЭПТ-12828
Entré en 1952 ; ancienne collection du Musée historique
d'artillerie.

Culotte *(tchaktchires)* de général du régiment des
hussards de la garde impériale
Russie, 1829-1855
Drap, fourrure, estamet, soie, galon et cordon métalliques, cuivre
estampé et doré
Dos 57 cm ; tour de taille 83 cm
Musée de l'Ermitage
Inv. ЭПТ-11288
Entré en 1950 ; ancienne collection du Musée historique
d'artillerie.

Ceinture d'officier
Russie, 1810-1820
Fil d'argent et fil de laine ; tressage, fil d'argent
Longueur : 113 cm
Musée de l'Ermitage
Inv. ЭПТ-10772
Entré en 1946 ; ancienne collection du Musée ethnographique
d'État.

Cet ensemble est représentatif de l'équipement du
régiment de hussards de Sa Majesté l'empereur de la
garde impériale. Une partie des objets provient de l'Arsenal
impérial et de la garde-robe des souverains. En se fondant
sur les archives des inventaires, on peut supposer avec une
certaine assurance que la coiffure, la culotte, le dolman
et la pelisse ont appartenu à Nicolas Ier.

A.V.S.

86 UNIFORME D'OFFICIER DU RÉGIMENT DES LANCIERS
DE SA MAJESTÉ L'EMPEREUR

Russie, 1925-1855
Drap, estamet, toile, fil métallique, paillettes, métal fondu et
argenté
Dos 72 cm ; tour de taille 92 cm
Musée de l'Ermitage
Inv. ЭРТ-10671
Entré en 1946 ; ancienne collection du Musée ethnographique
d'État.

Chapska d'officier du régiment des lanciers de Sa Majesté
l'empereur
Russie, 1929-1855
Cuir, drap, galon, ruban de soie, cuivre ciselé et argenté, cordon ;
pompon : bois, fer, oripeau d'argent
Chapska (a) : 29,5 × 30 × 30,5 cm ; pompon (b) : 22 × 7 cm
Musée de l'Ermitage
Inv. ЭРТ-11397 a, b
Entré en 1950 ; ancienne collection du Musée historique
d'artillerie.

Épaulettes de lieutenant (poroutchik) de cavalerie légère
Russie, 1828-1850
Carton, drap, cuivre ciselé et argenté, canetille
17,9 × 12 cm
Musée de l'Ermitage
Inv. ЭРТ-10784
Entré en 1946 ; ancienne collection du Musée ethnographique
d'État.

Cordon-raquette d'officier des lanciers
Russie, 1803-1825
Fil d'argent, fil de soie, canetille d'argent ; tressage
Longueur : 145 cm
Musée de l'Ermitage
Inv. ЭРТ-10801
Entré en 1946 ; ancienne collection du Musée ethnographique
d'État.

Culotte (chossery) d'officier du régiment des lanciers
de la garde impériale
Russie, 1825-1850
Drap, toile, cuir
Longueur : 127 cm
Musée de l'Ermitage
Inv. ЭРТ-11286
Entré en 1950 ; ancienne collection du Musée historique
d'artillerie.

Le régiment des lanciers (*Oulany*) de Sa Majesté
l'empereur, formé en 1817, appartenait à la Garde dite
« de Varsovie », c'est-à-dire aux unités qui étaient
cantonnées dans la capitale polonaise.

A.V.S.

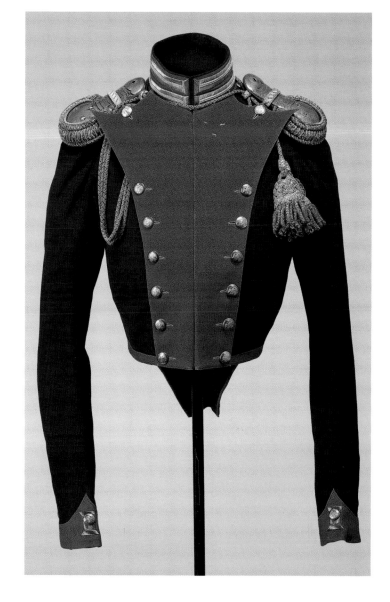

87

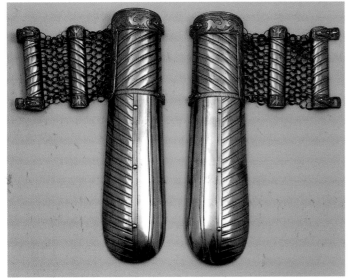

88

87 DÉFENSE DE TÊTE, SELON LE MODÈLE CAUCASIEN,
DE CAVALIER DE L'ESCORTE PERSONNELLE DE
SA MAJESTÉ L'EMPEREUR *(KONVOÏ)*

Russie, Toula, vers 1838
Acier forgé, gravé, bleui et doré, argent sculpté et ciselé, drap
Hauteur : 22,5 cm
Hauteur avec la maille *(barmitsa)* : 62 cm
Sur les appliques d'argent : poinçon de garantie : *84 BT* ; sur la
partie frontale : le poinçon de la manufacture d'armes de Toula
Musée de l'Ermitage
Inv. BO-4096
Entré en 1926 ; ancienne collection du palais de Marbre
à Saint-Pétersbourg.

88 BRASSARD, SELON LE MODÈLE CAUCASIEN,
DE MEMBRE DE L'ESCORTE PERSONNELLE DE SA MAJESTÉ
L'EMPEREUR *(KONVOÏ)*

Russie, Toula, vers 1838
Acier forgé doré et bleui, argent sculpté et ciselé
Longueur 29,1 cm ; largeur 16,5 cm
Sur les appliques d'argent : poinçon de garantie : *84 BT*
Musée de l'Ermitage
Inv. BO-3333 / 1, 2
Entré en 1926 ; ancienne collection du palais de Marbre à Saint-
Pétersbourg.

89 *TCHERKESKA* ET *ARKHALOUK* OU *BECHMET*
DE GÉNÉRAL, CONFORME AU MODÈLE DE L'UNIFORME
DES COSAQUES DE LA LIGNE DE L'ESCORTE
PERSONNELLE DE SA MAJESTÉ *(KONVOÏ)*

Russie, 1832-1855
Drap, galon, velours, métal forgé, gravé, niellé et argenté,
fil d'or battu
Tcherkeska : dos 104 cm ; tour de taille 70 cm
Arkhalouk : dos 104 cm ; tour de taille 90 cm
Musée de l'Ermitage
Inv. ЭРТ-11316, 11322, 10779
Entré en 1950 ; ancienne collection du Musée historique
d'artillerie.

En 1828, l'escorte personnelle de Sa Majesté est
réorganisée. Elle inclut dorénavant un détachement de
montagnards composé par les jeunes représentants des
familles illustres des peuples du Caucase russe. Plus tard,
l'escorte est complétée par un détachement de cosaques
du Caucase, de Lesghiens et de musulmans transcauca-
siens. Les cavaliers de l'escorte portent un uniforme
exotique et pittoresque, inspiré des traditions des
costumes régionaux des montagnards du Caucase.
L'ensemble présenté ici a appartenu à l'héritier du trône
Alexandre Nikolaevitch, futur empereur Alexandre II.

S.P.

90 George Dawe (1781-1829)

PORTRAIT DE VASSILI MIKHAÏLOVITCH LAVRENTIEV

1828
Huile sur toile
104 × 68,5 cm, sans cadre
Signé et daté à gauche, sur la colonne, en anglais :
Geo Dawe R. A. 1828 ; une inscription postérieure en cyrillique :
Capitan Lavrentiev
Musée de l'Ermitage
Inv. ЭРЖ-2442
Entré en 1956 ; ancienne collection du musée et domaine d'État de Tsarskoe Selo.

La compagnie des grenadiers du Palais, fondée en 1827 selon un oukase de l'empereur Nicolas Ier, était destinée à assurer la garde d'honneur au palais d'Hiver de Saint-Pétersbourg.

Sur commande de la Cour, le peintre G. Dawe a peint les portraits des quatre grades militaires de la compagnie.

Le capitaine Vassili Mikhaïlovitch Lavrentiev (?-1843), en service depuis 1805, a été doublement blessé au cours de la bataille d'Austerlitz. Il a servi dans la compagnie des grenadiers du Palais dès sa création, en tant que capitaine, puis, plus tard, en tant que colonel.

Il est représenté ici dans la galerie de 1812 du palais d'Hiver, devant le portrait du feld-maréchal Mikhaïl Bogdanovitch Barclay de Tolly. Il porte l'insigne de l'ordre de Saint-Georges, la médaille d'argent « En mémoire de la guerre patriotique », la médaille « Pour la prise de Paris », une médaille étrangère et la croix de Kulm. Outre ces décorations, V. M. Lavrentiev avait reçu les ordres de Saint-Stanislas de 4e classe, de Saint-Vladimir de 4e classe et de Sainte-Anne de 2e classe.   E.R.

91 George Dawe (1781-1829)

PORTRAIT DE ILIA GRIGORIEVITCH IAMNIK

1828
Huile sur toile
104 × 66,5 cm, sans cadre
Dans l'angle droit inférieur, l'inscription et la date :
Geo Dawe R. A. 1828 ; une autre inscription en cyrillique,
plus tardive : *grenadier Ilia Iamnik*
Musée de l'Ermitage
Inv. ЭРЖ-2445
Entré en 1956 ; ancienne collection du musée et domaine d'État
de Tsarskoe Selo.

Le grenadier de 1ʳᵉ classe de la compagnie des grenadiers
du Palais, Ilia Grigorievitch Iamnik (1781-après 1833) est
le fils d'un paysan originaire de la province de Poltava. Il
a participé à la guerre entre la Russie et la Suède en 1808-
1809, à la guerre patriotique de 1812, aux campagnes
dites « à l'étranger » de 1813-1814 (campagnes
d'Allemagne et de France). En 1827, il est nommé à la
compagnie des grenadiers du Palais. Il est représenté ici
avec les insignes des ordres de Saint-Georges et de Sainte-
Anne, avec la médaille d'argent « En mémoire de la guerre
patriotique », la médaille « Pour la prise de Paris » et d'autres
décorations dont certaines sont étrangères.

E.R.

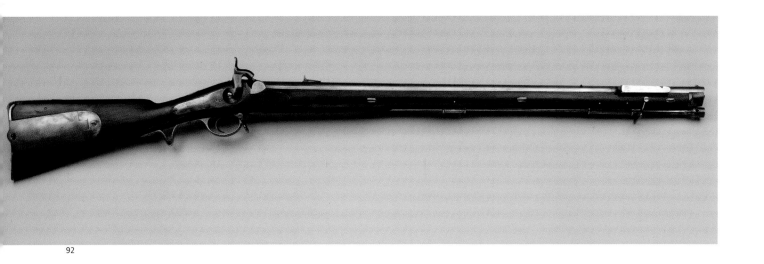

92

92 CARABINE RAYÉE À PERCUSSION

Russie, 1840-1850
Carabine : acier forgé et bleui, bois, alliage cuivreux fondu et
sculpté
Baguette de fusil : acier et alliage cuivreux fondus
Longueur d'ensemble 117 cm ; longueur du canon 76 cm ;
longueur de la baguette 76,8 cm ; longueur du calibre 18 mm
Musée de l'Ermitage
Inv. 3O-5259 / 1, 2
Entré en 1885 ; ancienne collection de l'Arsenal de Tsarskoe Selo.

93 FUSIL À PERCUSSION DES DRAGONS,
MODÈLE DE LA LIGNE 1847

Russie, Sestroretsk, 1854
Acier forgé, bois, alliage cuivreux fondu et sculpté
Longueur d'ensemble 134,5 cm ; longueur du canon 94 cm ;
longueur du calibre 18 mm
Inscriptions :
– sur le canon, dans la partie supérieure : *1854 1273*, armes de
Russie avec un aigle bicéphale, *SJ* en lettres latines, *O.Z.* dans
un ovale, répété à deux reprises ; près de la cheminée : *K* ; dans
la partie inférieure du canon : *7 SP LK PO* et quelques poinçons
illisibles ; sur la partie intérieure de la queue de culasse : *I D*
– sur la plaque de platine : *VG S.O.Z 1854* ; dans la partie
intérieure : *1695 G O 8 V* répétés à deux reprises ; sur le ressort :
S AM.
– sur la détente : *1695*
– sur une des capucines : *MA*, arc avec une flèche ; à l'intérieur : *F* ;
sur l'autre capucine : *AF 2Q AS* ; à l'intérieur : *F*
– sur la sous-garde : *1846*, flèche, *P*
– sur le pontet, dans la partie extérieure : flèche, *P* ; sur la partie
d'acier : arc avec une flèche *CD* en lettres latines, *A P* ; dans la
partie inférieure : *10500 PK D KK IT* et un poinçon illisible
– sur la plaque de couche, dans sa partie supérieure : armoiries
de Russie, *M* et deux poinçons illisibles
Musée de l'Ermitage
Inv. 3O-7514
Entré en 1922 ; ancienne collection de l'Arsenal du palais
Anitchkov (?).

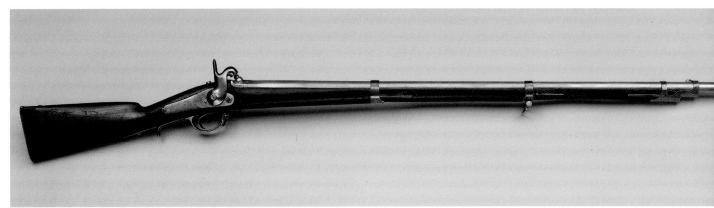

93

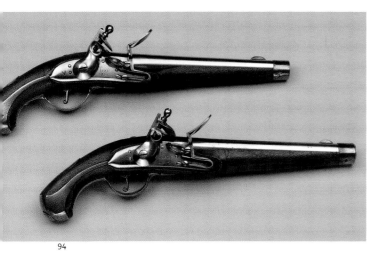

94

95 LATTE DE RÉCOMPENSE D'OFFICIER DES CUIRASSIERS, MODÈLE 1826, ORDRE DE SAINT-GEORGES

Russie, Zlatooust, 1837
Sabre : acier forgé, alliage cuivreux fondu, sculpté, ciselé et doré, bois, fil de métal, drap
Fourreau : acier fondu et forgé
Dragonne : cuir, fil métallique, feuille de métal, canetille, fils de couleur
Longueur d'ensemble 107,5 cm ; longueur de la lame 91,5 cm ; longueur du fourreau 93,5 cm ; longueur de la dragonne 37,7 cm
Inscription sur le dos de lame : *Zlatooust 1837*
Musée de l'Ermitage
Inv. 3O-2149 / 1, 2, 3
Entré en 1922 ; ancienne collection de l'Arsenal du palais Anitchkov (?).

94 DEUX PISTOLETS DE CAVALERIE, MODÈLE 1809

Russie, Toula, 1814
Acier forgé, alliage cuivreux fondu, sculpté et gravé, bois
Longueur d'ensemble 43 cm ; longueur du canon 26,5 cm ; longueur du calibre 17 mm
Inscription sur les plaques de platine : *TOULA 1814*
Poinçons sur le pistolet (inv. 3O-908 / 1) : *R*, armoiries de Russie dans l'ovale, *ER*, poinçon illisible ; sur le pontet : un poinçon illisible ; sur la plaque de couche : *PA*.
Poinçons sur le pistolet (inv. 3O-908 / 2) : sur le canon : *R* et deux poinçons illisibles ; sur le pontet : *FT* ; sur la plaque de couche : *NF*
Sur les parties supérieures des crosses, des appliques avec le chiffre *A I* sous une couronne.
Sur la plaque de couche : *FN*
Musée de l'Ermitage
Inv. 3O-908 / 1, 2
Entré en 1922 ; ancienne collection de l'Arsenal du palais Anitchkov.

95

151

96 Adolf Ignatievitch Ladurner (1799 ou 1800-1855)

LE DÉFILÉ DU RÉGIMENT PAVLOVSKY DE LA GARDE IMPÉRIALE

1839
Huile sur toile
69,5 × 97 cm, sans cadre
Musée de l'Ermitage
Inv. ЭРЖ-2580
Entré en 1960 ; ancienne collection du musée-palais de Pavlovsk ;
il était exposé auparavant au Musée historique d'artillerie.

Reconnaissable aux mitres qui coiffent les soldats, le régiment Pavlovsky de la garde impériale est représenté en rangs, avant la parade sur la place devant le château Saint-Michel. Intégré à la garde impériale en 1813, le régiment a en effet conservé cette coiffure en souvenir de ses nombreux hauts faits pendant les campagnes de 1806-1807 contre les Français, et notamment de la bataille de Friedland. L'empereur a même ordonné que ne fussent pas remplacées celles qui ont été endommagées par des balles. Au premier plan, on remarque la musique du régiment, qui fait résonner les « bassons russes », nouvelle variété de serpent en usage dans les musiques militaires à partir de 1815 environ.

Également appelé « château des ingénieurs », le château Saint-Michel a été construit de 1797 à 1800 par Vincenzo Brenna et Vassili Bajenov, dans un style sévère peu commun à Saint-Pétersbourg. Entourée de fossés, accessible seulement par des ponts-levis, la résidence illustre bien l'atmosphère particulière du règne de Paul Ier, exprimant sa volonté de réforme, basée sur son admiration pour l'armée prussienne, ainsi que sa crainte – justifiée – d'un coup d'État. Voici comment la décrit le marquis de Custine, voyageant en Russie l'année même où le tableau a été peint :

Si les hommes se taisent, en Russie, les pierres parlent et parlent d'une voix lamentable. Je ne m'étonne pas que les Russes craignent et négligent leurs vieux monuments : ce sont des témoins de leur histoire que, le plus souvent, ils voudraient oublier ; quand je découvris les noirs perrons, les profonds canaux, les ponts massifs, les péristyles déserts de ce sinistre palais, j'en demandai le nom et ce nom me rappela malgré moi la catastrophe qui fit monter Alexandre [Ier] sur le trône. Aussitôt, toutes les circonstances de la lugubre scène par laquelle se termina le règne de Paul Ier se représentèrent à mon imagination.

Formé à Paris, A. I. Ladurner se rend à Saint-Pétersbourg en 1830. Ses vues lumineuses de la capitale parcourue en tous sens par la silhouette des soldats, ses représentations précises et soignées des parades et des uniformes, des scènes de la vie quotidienne des militaires lui valent les faveurs de la cour de Nicolas Ier.

Û.G., Ém.R.

97 Nikifor Stepannovitch Krylov (1802-1831)

PORTRAIT DU COLONEL COMTE V. S. APRAXINE

1829
Huile sur toile
118 × 98 cm, sans cadre
Signé et daté dans l'angle inférieur droit : *1829 Kryl.*
Musée de l'Ermitage
Inv. ЭРЖ-2477
Entré en 1958 ; ancienne collection du Dépôt central des fonds des palais, à Pavlovsk, il a été exposé auparavant au musée du Régiment des chevaliers-gardes.

Héros des guerres napoléoniennes, Vladimir Stepanovitch Apraxine (1793-1833) est le fils du lieutenant-général Stepan Stepanovitch Apraxine et de la comtesse Ekaterina Vladimirovna Golitsyne. Il a reçu sa première éducation chez sa grand-mère, Natalia Petrovna Golitsyne (la fameuse «princesse moustache», qui inspira à A. S. Pouchkine le personnage de la dame de pique – N.D.T.).

En 1812, Apraxine sort de l'École des guides militaires ; il participe, en 1813-1814, à la bataille de Dresde et à celle de Kulm, après laquelle il reçoit la décoration de l'ordre de Saint-Vladimir de 4e classe. Il prend part également à la bataille de Leipzig, à la suite de laquelle il est promu sous-lieutenant, à celle de Fère-Champenoise et à la prise de Paris.

En 1814, il quitte la Suite impériale (section du maître de camp, analogue de l'état-major à l'époque) pour le régiment des gardes à cheval. En 1815, il est promu lieutenant ; en 1817, le grade de flügel-adjudant lui est octroyé. En 1818, il devient capitaine en second, capitaine en 1820, colonel en 1824, major général à partir de 1831. Le 14 décembre 1825, il mène son escadron de la Garde à cheval contre leurs frères de la Garde en révolte. V. S. Apraxine décède du choléra en 1833 dans la région de Koursk.

Il est représenté en grande tenue du régiment des gardes à cheval, agrémenté des insignes de flügel-adjudant et des aiguillettes. Il porte les insignes des ordres de Sainte-Anne de 2e classe, de Saint-Vladimir de 4e classe, de Saint-Jean-de-Jérusalem, de l'ordre Pour le Mérite (prussien), de l'ordre de Maximilien-Joseph (bavarois), la croix de Kulm et la médaille Pour la prise de Paris.

Dans les médaillons ornant la lame de sa *palache* (latte) sont gravés les noms des batailles auxquelles il a pris part.

Û.G., S.P.

SOUTIEN AU TRÔNE 1855-1894

La seconde moitié du XIXᵉ siècle est, en Russie, la période des réformes
d'Alexandre II. L'armée est la première à être modernisée, la défaite
de la Russie pendant la guerre de Crimée ayant démontré la nécessité
de ces réformes. La conscription est remplacée par un service
militaire obligatoire généralisé, tandis que sont adoptés de
nouveaux armements, uniformes et règlements militaires.
À cette époque, la garde impériale apparaît comme un terrain
d'expérimentations : on attribue de nouveaux équipements, munitions
et armements et on essaie de nouveaux schémas tactiques,
avant de les appliquer à l'armée entière.
Plusieurs membres de la famille impériale sont engagés dans la
réalisation de ces réformes. Tous les grands-ducs inscrits dans des
régiments servent également dans diverses unités de la Garde pour
occuper, après l'obtention du grade de général, un poste à
responsabilité dans le commandement militaire du pays. Ainsi, la garde
impériale est parfaitement préparée aux combats et reste sans réserve
fidèle au trône, comme le prouve la guerre russo-turque de 1877-1878.
Or, la menace envers le trône ne vient pas de l'extérieur, mais mûrit
au sein de l'Empire. Les terroristes révolutionnaires, insatisfaits des
réformes sociales d'Alexandre II, organisent une véritable « chasse
à l'empereur » et aux hauts dirigeants du pays. Et même une Garde
dévouée ne réussit pas à protéger le tsar contre ce danger.

98 DRAPEAU D'ANNIVERSAIRE DIT «DE SAINT-GEORGES»
DU RÉGIMENT SEMENOVSKY DE LA GARDE IMPÉRIALE

Russie, 1883
Soie, peinture à l'huile
Tablier : 113 × 141 cm
Musée de l'Ermitage
Inv. 3H-2984
Entré en 1950 ; ancienne collection du Musée historique
d'artillerie.

Les drapeaux modèle 1883 ont été exécutés en style «à
la russe», populaire sous le règne d'Alexandre III. Le
règlement prescrit alors la présence de l'icône officielle sur
le drapeau de chaque régiment. La fête du régiment
Semenovsky coïncide avec la fête de la Présentation de
la Sainte Vierge au Temple. C'est l'épisode illustré par
l'icône qui est représentée sur le drapeau.

G.V.

99 Maître aux initiales *V. G.*

PORTRAIT DE L'EMPEREUR ALEXANDRE II

1888
Huile sur toile
85,5 × 71 cm (ovale), sans cadre
Signé à droite : В.г. *1888*
Musée de l'Ermitage
Inv. ЭРЖ-633
Entré en 1941 ; ancienne collection du Musée ethnographique
d'État ; le tableau était conservé auparavant dans le palais des
Cheremetev, dit «Maison des fontaines».

Alexandre II (1818-1881), empereur à partir de 1855, est
l'auteur d'importantes réformes : la reforme de *zemstvo*
(des États provinciaux), celle des municipalités, une
réforme de la justice et de l'armée. Il est à l'origine
également de l'abolition du servage en 1861. La libérali-
sation de la société russe s'est accompagnée de la
formation de groupes terroristes, lesquels ont commis
plusieurs attentats contre la personne de l'empereur.
Notamment celui du 1er mars 1881, qui lui fut fatal.
L'empereur est ici représenté dans l'uniforme du régiment
des chevaliers-gardes de la garde impériale.

Û.G.

98

99

100 TUNIQUE (*KOLET*) D'OFFICIER DU RÉGIMENT
DES CHEVALIERS-GARDES DE LA GARDE IMPÉRIALE

Russie, 1858
Toile, soie, galon d'argent, fil métallique, métal argenté et doré
Dos 85 cm ; tour de taille 82 cm
Musée de l'Ermitage
Inv. ЭРТ-11230
Entré en 1950 ; ancienne collection du Musée historique
d'artillerie.

Ce *kolet* provient de la garde-robe de l'empereur
Alexandre II. L'empereur est inscrit au régiment le 21 avril
1830, mais il n'est devenu son chef qu'après la mort de
l'impératrice Alexandra Fedorovna, qui fut la marraine des
chevaliers-gardes entre le 1er juillet 1826 et le 5 novembre
1860.

A.V.S.

101 HABIT DU 3ᵉ BATAILLON DE TIRAILLEURS *FINSKY*
AYANT APPARTENU À L'EMPEREUR ALEXANDRE II

Russie
Musée de l'Armée
Inv. 71 DEP.
Dépôt : Union du corps des pages (prince Troubetzkoy)

Créé le 7 mars 1818, le 3ᵉ bataillon de tirailleurs *Finsky*
(finnois) est une unité d'élite comptant les meilleurs
tireurs de l'armée russe. L'empereur Alexandre II (1855-
1881) a porté l'habit de ce bataillon. En 1855, le demi-
caftan à pans longs remplace l'ancien habit frac. Prenant
le nom d'habit en 1859, celui-ci comporte un passepoil
bleu céleste sur le bord gauche et un plastron, à partir de
1856 pour les tirailleurs finnois, bleu clair boutonné sur les
deux rangées de sept boutons argentés.

J.G.

102 *OULANKA* DE PETITE TENUE DE GÉNÉRAL
DU RÉGIMENT DES LANCIERS DE SA MAJESTÉ
L'EMPEREUR

Russie, 1856-1881
Drap, estamet, soie, fourrure artificielle, fil métallique,
canetille, paillettes, galon, cordon, laiton estampé et argenté
Dos 83,5 cm ; tour de taille 97 cm
Musée de l'Ermitage
Inv. ЭРТ-11253
Entré en 1950 ; ancienne collection du Musée historique
d'artillerie.

Ce type d'uniforme est prévu pour être porté en société.
Le présent exemplaire provient de la garde-robe de
l'empereur Alexandre II qui a été le chef du régiment entre
le 19 septembre 1879 et le 1ᵉʳ mars 1881.

A.V.S.

101

102

103 MANTEAU DE GÉNÉRAL CONFORME AU MODÈLE
DE L'UNIFORME DU RÉGIMENT SEMENOVSKY DE
LA GARDE IMPÉRIALE, PORTÉ PAR ALEXANDRE II
LE JOUR DE L'ATTENTAT DU 2 AVRIL 1879

Russie, après 1855
Drap, cuivre estampé et doré, fil métallique
Castorine, drap, toile de coton, moire, galon, fil métallique,
métal doré et argenté
Dos 127 cm
Musée de l'Ermitage
Inv. ЭPT-11279
Ancienne collection de l'Arsenal du palais d'Hiver

Le manteau modèle 1856 était la tenue habituelle des officiers de l'armée russe pendant les saisons froides. Les manteaux des généraux étaient pourvus d'une doublure rouge. Les pattes de col bleues avec un passepoil rouge sont des éléments distinctifs du 2ᵉ régiment de la division d'infanterie et, dans ce cas précis, du régiment Semenovsky de la garde impériale. L'empereur Alexandre II a toujours porté le manteau avec des pattes d'épaules d'aide de camp général de la suite de son père, Nicolas Iᵉʳ, et le ruban de l'ordre militaire de Saint-Georges à la boutonnière.

Le matin du 2 avril 1879, l'empereur faisait sa promenade habituelle à pied dans les rues de Saint-Pétersbourg. Il portait l'uniforme du régiment Semenovsky de la garde impériale, un manteau et une casquette. Sur la place du Palais, un inconnu sort un revolver et tire plusieurs fois sur l'empereur, mais sans le toucher. Le tireur s'est avéré être un certain Alexandre Soloviov, un terroriste qui a agi seul mais proche de l'organisation des révolutionnaires « Terre et liberté ».

Durant l'enquête, Soloviov avoue dans ses dépositions avoir agi de la façon suivante : « Ayant vu l'empereur de près, j'ai sorti mon revolver, pensant en même temps renoncer à mon entreprise ce jour-là. Mais l'empereur a vu le mouvement de ma main, je l'ai compris, et étant à une distance de 5-6 pas de lui, j'ai tiré sur le tsar. Ensuite, en le poursuivant, j'ai tiré tous les coups, presque sans l'avoir visé. Ce n'est qu'après le quatrième tir qu'un officier de gendarmerie est arrivé sur moi et m'a fait tomber par terre d'un coup sur la tête. Les gens m'ont poursuivi et quand j'ai été interpellé, j'ai croqué la capsule de poison que je m'étais mise dans la bouche en m'approchant de l'empereur. » Le poison pris par Soloviov était périmé. Le terroriste a été jugé et pendu en mai de la même année.

Il s'agit du troisième attentat commis sur la personne de l'empereur. Cette fois-ci, l'empereur a pu être sauvé grâce à son sang-froid et à sa bonne réaction. Ayant vu une personne inconnue lever un revolver, Alexandre a esquivé brusquement et la balle est passée à côté. Ensuite, ayant retroussé les pans de son manteau, le tsar a couru vers la porte du palais d'Hiver la plus proche. Il se déplaçait en zigzag afin d'empêcher le terroriste de viser. Selon le témoignage du ministre de la Guerre, Dmitri Alexeevitch Milioutine, le manteau de l'empereur a été traversé par une balle, une autre a éraflé la tige de sa botte.

Sur le pan droit du manteau est bien visible la trace de la balle du terroriste. La doublure du vêtement est également déchirée. Il est fort probable qu'Alexandre II l'ait endommagée avec son éperon en traversant la place en courant.

Alexandre II a survécu à cinq attentats. Au cours du sixième, qui a lieu le 1ᵉʳ mars 1881, il est mortellement blessé par l'explosion d'une bombe et décède quelques heures plus tard dans ses appartements du palais d'Hiver.

S.P.

104

104 ÉVENTAIL « CARROUSEL DES CHEVALIERS-GARDES »,
AYANT APPARTENU À L'IMPÉRATRICE MARIA FEDOROVNA

Russie, 1886
Satin, ivoire, argent, émail
Longueur : 32,5 cm
Musée de l'Ermitage
Inv. ЭРТ-12687

Éventail pliant en ivoire, dont le panache droit (partie
haute de la monture) est orné d'une couronne impériale
en argent. Le panache gauche porte la croix de Malte
émaillée, insigne du régiment des chevaliers-gardes.
La double feuille de satin écarlate porte l'inscription en
blanc, côté face : *Carrousel du régiment des chevaliers-
gardes de Sa Majesté l'impératrice. 1886*. L'œil (fixation du
rivet) en argent prend la forme d'un éperon, tandis que
le gland est remplacé par une dragonne d'officier en
miniature. L'éventail a été exécuté en souvenir de la fête
du régiment qui est célébrée tous les 5 septembre.

Û.P.

105 GROUPE SCULPTÉ EN L'HONNEUR DU RÉGIMENT
DES COSAQUES DE LA GARDE IMPÉRIALE

Atelier P. A. Ovtchinnikov
1875
Saint-Pétersbourg, Russie
Argent fondu et repoussé, émaux, jaspe, lazulite
Hauteur : 125 cm
Musée de l'Ermitage
Inv. ЭРО-8875
Entré en 1941 ; ancienne collection du Musée ethnographique
d'État. Il se trouvait auparavant au Dépôt des musées. Avant les
années 1920, il était présenté dans le salon d'argent au palais de
Tsarskoe Selo.

Ce groupe sculpté a été offert le 20 avril 1875 à l'empereur
Alexandre II par les officiers du régiment des cosaques
de la garde impériale, à l'occasion de la célébration du
centenaire de la fondation du régiment de cosaques de
Sa Majesté l'empereur et de celui des cosaques de
l'Ataman de Son Altesse impériale l'héritier.
Il représente un adjudant des cosaques à cheval, tenant
un étendard, sur une montagne de forme irrégulière en
jaspe rouge de l'Oural. La montagne elle-même est placée
sur une terrasse de lapis-lazuli. La figure du cavalier est
cantonnée de quatre cosaques à pied dans les uniformes
correspondant aux règnes des quatre précédents chefs du
régiment : Catherine II, Paul Ier, Alexandre Ier et Nicolas Ier.
Sur un des côtés de la montagne sont fixés des médaillons
en métal ciselé avec les portraits des chefs augustes du
régiment : Catherine II, Paul Ier, Alexandre Ier, Nicolas Ier,
Alexandre II. De l'autre côté, une plaque en argent porte,
dans sa partie supérieure, l'effigie en bas-relief
d'Alexandre II et la liste complète des officiers du
régiment au moment de l'offrande, ainsi que les portraits
des grands-ducs Alexandre Alexandrovitch et Vladimir
Alexandrovitch. De part et d'autre du piédestal, sur ses
flancs, on remarque les chiffres des premier et dernier
chefs du régiment : Catherine II et Alexandre II,
accompagnés des dates : 1775-1875.
Le projet a été conçu par un maître réputé de la peinture
historique et militaire, Adolphe Iossifovitch Charlemagne.
Les statuettes, quant à elles, ont été exécutées d'après les
modèles du dessinateur Roudolf Kazimirovitch Joukovsky
et du sculpteur Vladimir Serguéevitch Brovsky. Les figures,
les bas-reliefs et les trophées sont issus de l'un des
meilleurs ateliers d'argenterie de Russie, la manufacture
de P. A. Ovtchinnikov à Moscou. Le piédestal et la base en
pierre, exécutés dans la technique de la « mosaïque russe »,
sont l'œuvre de l'atelier Hesrich et Werfe.

A.A.S.

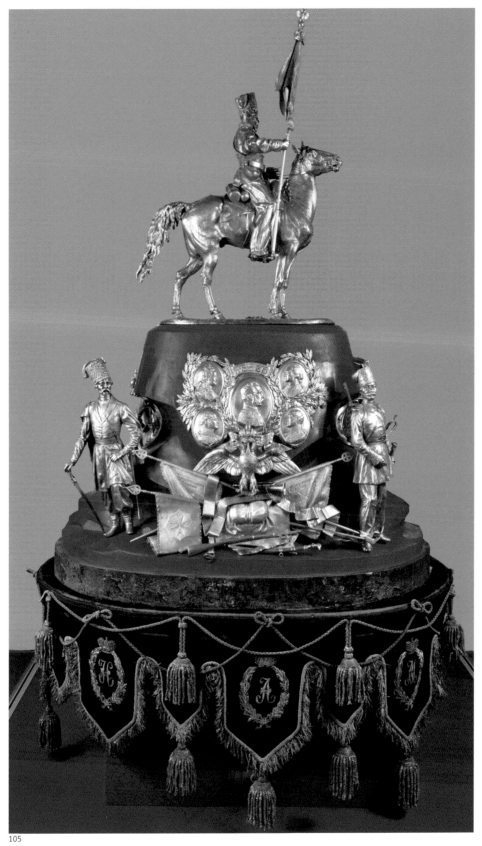

105

106 UNIFORME DE GÉNÉRAL DU RÉGIMENT
PREOBRAJENSKY DE LA GARDE IMPÉRIALE

Russie, 1856-1881
Drap, soie, toile de coton, fil métallique, paillette, galon
métallique, cuivre estampé et doré
Dos 90 cm ; tour de taille 97 cm
Musée de l'Ermitage
Inv. ЭПТ-11255
Entré en 1950 ; ancienne collection du Musée ethnographique
d'État.

Aiguillettes de membre de la suite de l'empereur
Russie, 2e moitié du XIXe siècle
Cordon métallique, toile, laiton ciselé, argenté et doré
Musée de l'Ermitage
Inv. ЭПТ-21090
Acquis par la Commission d'expertise et d'achats du musée
de l'Ermitage, 2000.

Écharpe d'officier
Russie, 1855-1914
Fil métallique, fil de soie, métal argenté
113 × 5 cm
Musée de l'Ermitage
Inv. ЭПТ-10770
Entré en 1946 ; ancienne collection du Musée ethnographique
d'État.

L'uniforme provient de la garde-robe de l'empereur
Alexandre II, qui a commandé le régiment du 19 février
1855 au 1er mars 1881.

A.V.S.

107 MANTEAU DE GÉNÉRAL DU RÉGIMENT
PREOBRAJENSKY DE LA GARDE IMPÉRIALE

Russie, 1881-1894
Drap, soie, cuivre estampé et doré
Longueur : 132 cm
Musée de l'Ermitage
Inv. ЭПТ-12755
Entré en 1951 ; ancienne collection du Musée ethnographique
d'État.

Le manteau de général, conforme au modèle du régiment
Preobrajensky, provient de la garde-robe de l'empereur
Alexandre III. L'empereur était inscrit dans les effectifs du
régiment le 26 février 1846.

A.V.S.

106

107

108 PELISSE DE GÉNÉRAL DU RÉGIMENT DES HUSSARDS
GRODNENSKY DE LA GARDE IMPÉRIALE

Russie, 1856-1881
Drap, soie, astrakan, galon, cordon et soutaches métalliques,
cuivre estampé et argenté
Dos 74 cm ; tour de taille 82 cm
Musée de l'Ermitage
Inv. ЭРТ-11248
Entré en 1950 ; ancienne collection du Musée historique
d'artillerie.

Dolman de général du régiment des hussards Grodnensky
de la garde impériale
Russie, 1856-1881
Drap, soie, toile de coton, galon, cordon et soutaches métalliques,
cuivre estampé et argenté
Dos 75 cm ; tour de taille 87 cm
Musée de l'Ermitage
Inv. ЭРТ-11244
Entré en 1950 ; ancienne collection du Musée historique
d'artillerie.

Coiffure d'officier du régiment des hussards Grodnensky
de la garde impériale
Russie, 1855-1881
Drap, cuir verni, cuivre estampé et argenté
14,5 × 25 × 25 cm
Musée de l'Ermitage
Inv. ЭРТ-11383
Entré en 1950 ; ancienne collection du Musée historique
d'artillerie.

108

Ceinture d'officier des hussards de la garde impériale
Russie, 1810-1820
Fil d'argent et fil de soie ; tressage
77 × 4 cm
Musée de l'Ermitage
Inv. ЭРТ-10771
Entré en 1946 ; ancienne collection du Musée ethnographique
d'État.

Glands et cordon pour une ceinture de hussard
Russie, 1814-1825
Fils d'argent et de laine, canetille d'argent
Longueur : 94 cm
Musée de l'Ermitage
Inv. ЭРТ-10773
Entré en 1946 ; ancienne collection du Musée ethnographique
d'État.

Culotte *(tchaktchires)* du régiment des hussards
Grodnensky de la garde impériale
Russie, 1856-1881
Drap, soie, cuir, soutache métallique, laiton estampé
et argenté
Longueur : 115 cm
Musée de l'Ermitage
Inv. ЭРТ-11289
Entré en 1950 ; ancienne collection du Musée historique
d'artillerie.

L'une des premières innovations militaires de l'empereur
Alexandre II, après son accession au trône en 1855, est
le changement de la coupe des uniformes de ses troupes.
Le régiment des hussards de la garde impériale de Grodno,
formé en 1824, reçoit une nouvelle pelisse et un nouveau
dolman qui ont la forme du demi-caftan. De surcroît, on
rend à l'uniforme du régiment les couleurs utilisées avant
1831 : olive (dolman, pelisse, bandeau de casquette) et
cramoisi (*tchaktchires*, sabretache, coiffure).

A.V.S

108

109

109 DRAPEAU D'ANNIVERSAIRE DIT «DE SAINT-GEORGES»
DU RÉGIMENT DES SAPEURS DE LA GARDE IMPÉRIALE

Russie, 1912
Soie, peinture à l'huile, fil métallique, métal fondu et argenté
Tablier : 109 × 124 cm ; longueur de la hampe avec pique 157 cm
Musée de l'Ermitage
Inv. 3H-3079
Entré en 1950 ; ancienne collection du Musée historique d'artillerie.

Les drapeaux modèle 1883 portent les icônes des
régiments peintes à l'huile. Ce procédé s'est avéré peu
satisfaisant, car les drapeaux se sont rapidement
détériorés. C'est pour cette raison, qu'en 1900, est mis en
usage un nouveau modèle unifié de drapeaux tissés en
une seule pièce, avec l'icône du Saint-Sauveur de type
achéropite («non faite de main d'homme»).
Les cravates des drapeaux et des étendards de la garde
impériale ont été créées en 1838, pour les régiments
ayant plus de cent ans d'existence. Elles sont de couleur
bleue, correspondant au cordon de l'ordre de Saint-André.
Pour la ligne, les cravates sont rouges en référence au
cordon de l'ordre de Saint-Alexandre-Nevsky.   G.V.

110 Anonyme

PORTRAIT DE L'EMPEREUR ALEXANDRE III

Vers 1880-1890
Huile sur toile
88,2 × 75 cm (ovale), sans cadre
Musée de l'Ermitage
Inv. ЭРЖ-646
Entré en 1941 ; ancienne collection du Musée
ethnographique d'État.

Alexandre III (1845-1894), empereur de toutes les Russies
à partir de 1881, avait épousé Maria Fedorovna, née Louise-
Sophie-Frederika-Dagmar de Danemark (1847-1928).
Il est représenté sur le portrait portant la grande tenue
du régiment des hussards, avec les insignes de l'ordre de
Saint-André.

Û.G.

110

111 Georges Becker (1845-1909)

LE COURONNEMENT DE L'EMPEREUR ALEXANDRE III
ET DE L'IMPÉRATRICE MARIA FEDOROVNA
1888
Huile sur toile
106 × 156 cm (ovale), sans cadre
Dans la partie inférieure, à gauche, l'inscription :
Georges Becker
Musée de l'Ermitage
Inv. ЭРЖ-1637
Entré en 1941 ; ancienne collection du Musée
ethnographique d'État.

Deuxième fils d'Alexandre II, Alexandre Alexandrovitch
(1845-1894) n'est pas destiné à lui succéder ; ce n'est
qu'en 1865 que la mort de son frère fait de lui l'héritier
du trône. En 1866, il épouse la fiancée de feu son frère,
la princesse Dagmar de Danemark, future impératrice
Maria Fedorovna. En 1881, après l'assassinat d'Alexandre II, il monte sur le trône sous le nom d'Alexandre III.
Le couronnement des empereurs suit un rite élaboré
pour Pierre Ier qui, lui-même, s'inspirait du rite du couronnement des tsars de Russie depuis le XVIe siècle. Il
peut intervenir plusieurs années après l'accession du
souverain au trône, comme dans le cas d'Alexandre III,
couronné le 25 mai 1883. Même lorsque la capitale est
à Saint-Pétersbourg, la cérémonie a lieu à Moscou,
dans la cathédrale de la Dormition, au Kremlin. Au
cours de la cérémonie, l'empereur est oint, couronné,
investi des *regalia,* puis béni, consacrant ainsi l'union du
souverain avec l'Église orthodoxe et avec ses sujets.
Le peintre représente le moment crucial de la cérémonie,
où le couple impérial a reçu les couronnes de diamants.
Alexandre III prend des mains du métropolite Isidore
le sceptre impérial, signe du pouvoir accordé par Dieu.
Les *regalia,* objets symboliques utilisés pendant le
couronnement, comprennent la grande couronne
impériale créée pour Catherine II, l'orbe, le sceptre,
l'épée et la bannière de l'État. L'impératrice, quant à
elle, porte la « petite couronne » créée pour la femme
de Paul Ier, elle reçoit également le grand collier de
l'ordre de Saint-André.
Sur les marches qui montent vers les trônes se trouvent
quatre officiers des chevaliers-gardes avec des lattes
dégainées ; derrière des trônes, on aperçoit, latte au
clair, le général Chipov, commandant du régiment des
chevaliers-gardes. Selon la tradition instaurée à
l'époque de Pierre Ier, ce régiment joue un rôle particulier
dans toutes les cérémonies d'État importantes.

Ém.R., A.P.

112 Jean-Baptiste-Édouard Detaille (1848-1912)

CHANTEURS DU 4ᵉ BATAILLON DES TIRAILLEURS
DE LA FAMILLE IMPÉRIALE À KRASNOE SELO

1889
Huile sur toile
79 × 119 cm, sans cadre
Musée de l'Ermitage
Inv. ЭРЖ-4213

En 1884, Édouard Detaille est invité par le tsar à la cour
de Russie. Il assiste aux manœuvres à Krasnoe Selo, qui
lui inspirent une série d'esquisses préparatoires à plusieurs
tableaux. Ces œuvres sont partiellement publiées en 1886
et 1894 dans les albums sur les grandes manœuvres de
l'armée russe.

Au centre du tableau est représenté le chœur,
accompagné de cymbales, de tambours de basque, de
clochettes, du *bountchouk* (chapeau chinois) et d'un
accordéon. À droite, sous les avant-toits couverts de
paille, on voit des officiers de tirailleurs assis à table.
Parmi eux, on distingue un hussard de la garde impériale
et l'auteur du tableau en habit civil. À gauche, près d'une
izba, se trouvent un hussard et des tirailleurs à côté du
cheval gris. Au fond, se détachent les tentes du camp
militaire et l'église du village.

G.V.

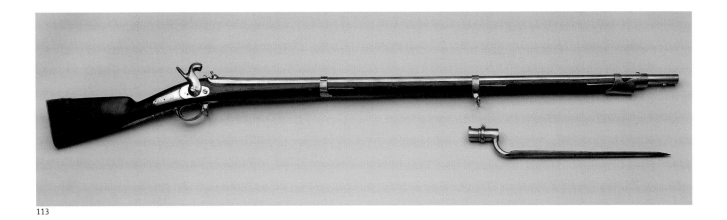

113

113 FUSIL À PERCUSSION D'INFANTERIE,
MODÈLE 1845 DE TROUPE

Fusil : Russie, Sestroretsk, 1846 (fusil) ; baïonnette : Russie, Toula,
XIXe siècle
3O 7512 : acier forgé, bois, alliage de cuivre fondu et sculpté
3O 7517 : acier fondu
Longueur d'ensemble 147,8 cm ; longueur du canon 108,5 cm ;
longueur du calibre 19 mm ; longueur de la baïonnette 45 cm
Inscriptions et marques :
– sur le canon, dans la partie supérieure : *I, No 2369*, armes de
Russie, *1846*, flèche, *JN* (?) en lettres latines, *FK* et deux poinçons
illisibles ; dans la partie inférieure : *A L O VA*, deux poinçons *FK* et
quelques poinçons illisibles ; près de la cheminée : *I*
– sur la platine : *S.O.Z. 1846 M* répétés à trois reprises et poinçon
NM ; sur le revers, *AG M* et deux poinçons illisibles
– sur la détente : *2369*
– sur le pontet : *1846*, flèche, *M*
– sur les capucines et l'embouchoir en lettres latines : *NM*, flèche,
1846
– sur la sous-garde en lettres latines : *1846*, flèche, *N*
– sur la plaque de couche : partie supérieure : armoiries de
Russie, *M JN* en lettres latines et un poinçon illisible ; sur la
surface principale : *1846*, flèche, *NM* en lettres latines ; sur la vis : *M*
– poinçon illisible sur la baïonnette
Musée de l'Ermitage
Inv. 3O-7512 / 1, 2 ; 3O-7517
Entré en 1922 ; ancienne collection de l'Arsenal du palais
Anitchkov.

114 SABRE D'INFANTERIE, MODÈLE 1848

Lame : Allemagne, Solingen, F. Fichte
Garniture : Russie, Saint-Pétersbourg, 1850-1860
Sabre : acier forgé, alliage de cuivre fondu, ciselé, sculpté et doré
Fourreau : bois, cuir collé, alliage de cuivre fondu
Longueur d'ensemble 62,5 cm ; longueur de la lame 48 cm ;
longueur du fourreau 50,6 cm
Sur la lame : poinçons de la manufacture de Solingen – la tête
couronnée et le heaume avec les lettres latines : *W.K.&C*, et
l'inscription : *F. FICHTE SOLINGEN*
Musée de l'Ermitage
Inv. 3O-1445 / 1, 2
Entré en 1922 ; ancienne collection de l'Arsenal du palais
Anitchkov.

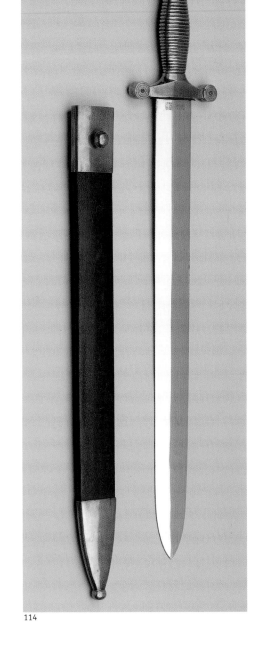

114

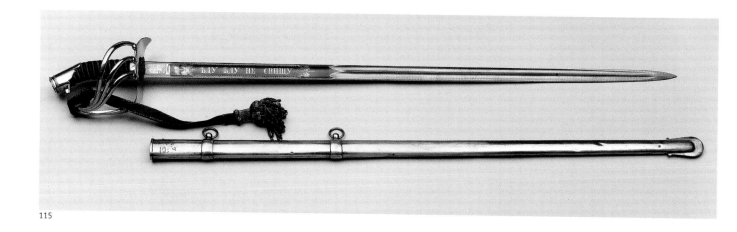

115

115 LATTE D'OFFICIER DES CUIRASSIERS, MODÈLE 1826

Russie, fin du XIXᵉ-début du XXᵉ siècle
Sabre : Zlatooust (?)
Garniture : Saint-Pétersbourg, atelier de P. A. Fokine
Sabre : acier damas, bleu et doré, gravure à l'eau-forte, alliage
de cuivre, peau de serpent
Fourreau : acier forgé, alliage de cuivre fondu
Dragonne : cuir, fil métallique, laine, canetille
Longueur d'ensemble 111,5 cm ; longueur de la lame 94,5 cm ;
longueur du fourreau 95 cm ; longueur de la dragonne 37,7 cm
Inscriptions et marques :
– sur le talon de la lame, d'un côté : *de P. A. FOKINE, S.
PÉTERSBOURG* ; de l'autre côté : *DAMASC*
– sur la lame, inscription décorative : Tant que je vais, je ne
siffle pas ; de l'autre côté : Une fois arrivé, je ne pardonnerai
pas
– sur la coquille : *P. FOKINE. S.P.B.*
Musée de l'Ermitage
Inv. 3O-2135 /v1, 2, 3
Entré en 1931 ; ancienne collection Cheremetev.

116 LATTE DE RÉCOMPENSE D'OFFICIER DES
CUIRASSIERS, MODÈLE 1826, ORDRE DE SAINT-GEORGES

Lame : Espagne, Tolède, 1860
Garniture : Russie, Saint-Pétersbourg, maître F. Schaaf, 1860-1870
Sabre : acier forgé, or, alliage de cuivre fondu, ciselé, gravé, poli et
doré
Fourreau : acier forgé, alliage de cuivre fondu, ciselé et doré
Dragonne : ruban de Saint-Georges, fil métallique, canetille, fils
de soie
Longueur d'ensemble 102 cm ; longueur de la lame 85,5 cm ;
longueur du fourreau 93,3 cm ; longueur de la dragonne 46 cm
Inscriptions et marques :
– sur la lame : *FABRICA DE TOLEDO*, 1860
– sur la garde : *Pour la bravoure*, répétée trois fois sur les
branches de garde
– sur le pommeau est fixé l'insigne de l'ordre de Saint-Georges
Musée de l'Ermitage
Inv. 3O-1494 / 1, 2, 3
Entré en 1922 ; ancienne collection de l'Arsenal du palais
Anitchkov (?).

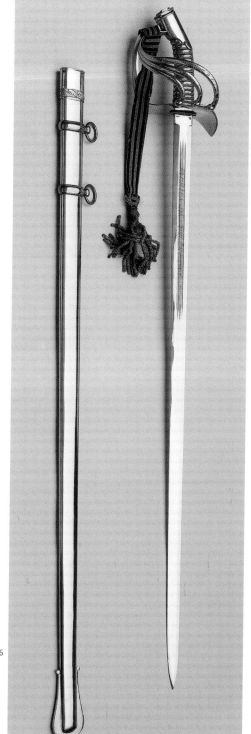

116

117 CASQUE DE MUSICIEN DU RÉGIMENT
DES CHEVALIERS-GARDES

Russie, 1855-1914
Cuivre estampé, argenté, cuir peint, crin
35 × 28,5 × 19,5 cm
Musée de l'Ermitage
Inv. ЭРТ-20759
Entré en 1989 ; ancienne collection de l'Arsenal de l'Ermitage.

Traditionnellement, les couvre-chefs de musiciens se
distinguent par des ornements.

A.V.S.

118 PETIT VERRE À VODKA *(STOPA)* EN FORME DE
COLBACK DU RÉGIMENT DES HUSSARDS DE LA GARDE
IMPÉRIALE

Atelier inconnu
1874
Saint-Pétersbourg, Russie
Argent fondu et doré, émaux
8,4 × 4,4 × 4,4 cm
Poinçon d'atelier illisible ; poinçon de garantie de la ville de
Saint-Pétersbourg pour l'argent au titre 84, dernier quart
du XIXᵉ siècle
Musée de l'Ermitage
Inv. ЭРО-4888
Ancienne collection du palais d'Hiver.

Ce verre à vodka imite la forme du colback de fourrure du
régiment des hussards de la garde impériale. En 1874, à
Saint-Pétersbourg, a été fêté solennellement le centenaire
de ce régiment. Il est probable qu'un lot de verres à vodka
ait été commandé à cette occasion pour les officiers du
régiment. Le haut plumet ne permettant pas de poser le
verre sur une table, il fallait le boire cul sec.

A.A.S.

118

Глава VII

NICOLAS II 1894-1917

Au début du XXe siècle, la Garde fondée par Pierre le Grand célèbre ses deux cents ans. Les anniversaires des régiments sont fêtés avec faste, on frappe des insignes et des médailles commémoratifs, les cravates d'anniversaire décorent les drapeaux régimentaires. Les tables des cercles des officiers de la Garde arborent la vaisselle spéciale du régiment, offerte par les membres de la famille impériale, chefs de ces unités. De nouveaux uniformes luxueux doivent rappeler aux officiers et aux soldats un passé glorieux. La Garde vit par ses traditions et n'aspire pas à y renoncer. Des centaines de garçons commencent des études aux corps des cadets, rêvant de servir dans la Garde. Pour cela, il faut terminer ce cursus, comme l'école des junkers, parmi les premiers élèves et obtenir aux examens la « note de la Garde ». Chaque année, des dizaines de jeunes gens bien préparés et éduqués mettent leurs premières épaulettes de la Garde. Les troupes se renouvellent par les appelés, forts et en bonne santé, venus de toutes les régions de la Russie.

Ces soldats et officiers changeront bientôt leurs uniformes brillants pour des tuniques kaki et des manteaux couleur de terre grise et partiront pour le front, pour la guerre, dont ils ne reviendront jamais.

119 ROBE EN VELOURS COULEUR D'AIRELLES ET EN
SATIN LILAS, DÉCORÉE DE DENTELLES ET DE BRODERIES
DE FIL MÉTALLIQUE ET DE SOIE, AYANT APPARTENU
À L'IMPÉRATRICE MARIA FEDOROVNA (1847-1928)

Maison Charles Worth, 1890-1900
France, Paris
Soie, velours, dentelle, fil métallique, strass, perles de verre
Marque du fabricant sur le ruban de corsage : autographe de
Charles Worth, façonné en soie brune dans un ovale, de part et
d'autre l'inscription en soie blanc sur blanc : *Paris*
Musée de l'Ermitage
Inv. ЭРТ-8631 a, b
Entré en 1941 ; ancienne collection du Musée ethnographique
d'État ; avant 1917 se trouvait au palais Anitchkov à
Saint-Pétersbourg.

L'impératrice Maria Fedorovna était par tradition chef de
plusieurs unités de la garde impériale, parmi lesquelles on
dénombre les régiments suivants : celui des chevaliers-
gardes, le régiment de cuirassiers, le 4ᵉ (devenu plus tard
le 2ᵉ) régiment de dragons de Pskov, le 32ᵉ dragons de
Tchougouev (devenu plus tard le 11ᵉ régiment des lanciers
de Sa Majesté l'impératrice), ainsi que l'Équipage de la
garde impériale. Elle participait aux fêtes des régiments
et, avec son époux, l'empereur Alexandre III, organisait
des réceptions pour les officiers des régiments parrainés.
Svelte et élégante, l'impératrice dansait à merveille et, au
grand dam de son époux, adorait les bals de la Cour. Maria
Fedorovna connaissait personnellement les meilleurs
danseurs des régiments de la garde impériale, auxquels
elle envoyait des invitations expresses pour les soirées
dansantes.
L'impératrice aimait les belles robes ; Charles Worth
admirait son goût et son art de porter les tenues. Il a
exécuté les commandes de la cour russe pendant trente
ans. La robe en velours couleur d'airelles et en satin lilas,
décorée d'une fine broderie et de dentelles, est un
exemple magnifique de la production de la maison Worth
au temps de son apogée.   T.T.K., N.T.

120 Anonyme

PORTRAIT DE L'EMPEREUR NICOLAS II
Vers 1915-1916
Huile sur toile
187,5 × 106,5 cm, sans cadre
Musée de l'Ermitage
Inv. ЭРЖ-3270
Entré en 1998 ; acquisition par la Commission d'expertise et
d'achat du musée de l'Ermitage.

Nicolas II est le dernier empereur de Russie (1896-1917).
Il est représenté dans l'uniforme quotidien du régiment
des hussards de la garde impériale devant le village de
Fedorovsky, à Tsarskoe Selo, sa résidence préférée.

                                                    Û.G.

121 Boris Mikhaïlovitch Koustodiev (1878-1927)

LE GRAND DÉFILÉ DU RÉGIMENT FINLANDSKY
DE LA GARDE IMPÉRIALE LE 12 DÉCEMBRE 1905,
À TSARSKOE SELO

1906
Huile sur toile
80,5 × 169 cm, sans cadre
Signé et daté en bas à gauche : *B. Koustodiev 1906*
Musée de l'Ermitage
Inv. ЭРЖ-1639
Entré en 1951 ; ancienne collection du Musée ethnographique
d'État ; le tableau se trouvait auparavant au musée du Régiment
Finlandsky de la garde impériale, à Saint-Pétersbourg.

Peint en même temps que deux grands portraits en pied
d'Alexandre Ier et de Nicolas II, ce tableau a été commandé
à l'occasion du centenaire du régiment Finlandsky de la
garde impériale. Il a pour sujet la première présentation
du tsarévitch Alexeï au régiment dont il était le chef.
Après le rapport du commandant du défilé et le Te Deum,
« l'empereur a bien voulu prendre dans ses bras son
auguste fils, le chef des *Finlandais,* et l'a porté devant les
unités alignées, précédé par un archiprêtre qui aspergeait
d'eau bénite les emblèmes et les troupes. C'était un
cortège solennel : dans les bras du tsar, son père, le
tsarévitch – l'héritier du trône – passait pour la première

fois en revue son régiment, le régiment Finlandsky de la garde impériale dont tous les membres contemplaient avec un attendrissement cordial et ravissement leur très auguste chef, si longtemps attendu devant les rangs de son régiment. Le jeune héritier, rayonnant dans un habit blanc bordé d'hermine, ornement traditionnel de la tenue des empereurs, contemplait avec douceur et calme son régiment, accueilli avec transport par ses *Finlandais* ». (S. Goulevitch, *Histoire du régiment de la garde impériale Finlandsky : 1806-1906*, Saint-Pétersbourg, 1907, cité dans A. I. Koudria, B. M. Koustodiev, *Koustodiev*, Moscou, 2006. p. 81). Û.G.

122 SERVICE À THÉ REPRÉSENTANT DES SCÈNES
DE L'HISTOIRE DES RÉGIMENTS DONT L'IMPÉRATRICE
MARIA FEDOROVNA ÉTAIT LE CHEF

1892
Saint-Pétersbourg, Manufacture impériale de porcelaine
Décoration d'après des esquisses d'A. Safonov
Porcelaine, peinture polychrome sur glaçure
Marqué sous la glaçure de couleur verte, du chiffre entrelacé :
A III 92 sous une couronne ; en bas, date manuscrite à l'or : *1892*
Entré en 1941 ; ancienne collection du Musée ethnographique
d'État ; se trouvait auparavant au palais de Gatchina.

Le plateau ovale porte une scène de présentation de l'étendard
au régiment des chevaliers-gardes de Sa Majesté l'impératrice.
2 × 41 cm, 3 × 28,2 cm
Musée de l'Ermitage
Inv. ЭРФ-3053

La théière avec couvercle est décorée, d'un côté, par le défilé
solennel du régiment des cuirassiers de la garde de Sa Majesté
l'impératrice et, de l'autre côté, par une attaque au cours de
manœuvres menées par le 4ᵉ régiment des dragons de Pskov
de Sa Majesté l'impératrice.
13,8 × 17 × 9,7 cm
Musée de l'Ermitage
Inv. ЭРФ-3054 a, b

Le sucrier avec couvercle est orné, d'un côté, d'une attaque
menée par le 32ᵉ régiment des dragons de Tchougouev de Sa
Majesté l'impératrice et, de l'autre côté, du portrait équestre d'un
sous-officier du 4ᵉ régiment de dragons en uniforme de
campagne.
10,5 × 11,9 × 8,8 cm
Musée de l'Ermitage
Inv. ЭРФ-3056 a, b

Le crémier avec couvercle présente, d'un côté, des scènes
de palais : à gauche, un officier subalterne du régiment des
cuirassiers de la garde impériale en veste blanche ; à droite,
un officier supérieur et un soldat de la garde impériale en grande
tenue. De l'autre côté, se trouvent des cuirassiers en uniforme de
campagne au cours de manœuvres.
9,1 × 11,4 × 7,3 cm
Musée de l'Ermitage
Inv. ЭРФ-3055 a, b

Tasse avec soucoupe. Sur la tasse figure l'Équipage de la garde
impériale défilant sur un quai. La soucoupe est ornée de trophées
des régiments des dragons et de l'Équipage de la garde
impériale, composés d'emblèmes, d'étendards, de trompettes,
d'armes et, au centre, d'une giberne frappée du monogramme
« M » de l'impératrice Maria Fedorovna.
La tasse : 7,5 × 9,2 × 7,1 cm ; la soucoupe : 3 × 15,5 cm
Musée de l'Ermitage
Inv. ЭРФ-3057 a, b

Tasse avec soucoupe. Sur la tasse est représenté le passage
d'un cours d'eau par des soldats du régiment des chevaliers-
gardes. La soucoupe est décorée de trophées composés
d'étendards, de timbales, d'armes et d'équipements militaires.
La tasse : 7,5 × 9,2 × 7,1 cm ; la soucoupe : 3 × 15,5 cm
Musée de l'Ermitage
Inv. ЭРФ-3058 a, b

Tasse avec soucoupe. Sur la tasse sont peintes des scènes
de la vie de camp du 32ᵉ régiment des dragons de Tchougouev
et sur la soucoupe, des trophées composés d'étendards, d'armes
et de munitions militaires évoquant les régiments des dragons de
Sa Majesté l'impératrice, le 4ᵉ dragons de Pskov et le 32ᵉ dragons
de Tchougouev.
La tasse : 7,5 × 9,2 × 7,1 cm ; la soucoupe : 3 × 15,5 cm
Musée de l'Ermitage
Inv. ЭРФ-3059 a, b

123

123 Viktor (Robert) Karlovitch Stember (ou Stemberg) (1863-1919)

PORTRAIT DU COMTE DMITRI ALEXANDROVITCH CHEREMETEV, CORNETTE DU RÉGIMENT DES CHEVALIERS-GARDES

1909
Huile sur toile
134,5 × 89,5 cm, sans cadre
Signé en cyrillique en bas à gauche : *V Stember* ; daté en bas à droite : *1909*
Musée de l'Ermitage
Inv. ЭРЖ-261
Entré en 1941 ; ancienne collection du Musée ethnographique d'État.

Dmitri Alexandrovitch Cheremetev (1885-?), fils d'A. D. Cheremetev, fait ses études au *gymnasium n° 3* (école secondaire) à Saint-Pétersbourg. En 1906, il s'engage dans le régiment des chevaliers-gardes ; en 1907, il reçoit le grade de cornette du régiment des dragons de Pskov, puis il est rattaché au régiment des chevaliers-gardes. En 1908, il épouse la comtesse O. A. Bobrinsky, dame d'honneur de l'impératrice, fille du maître de la cour impériale, A. A. Bobrinsky.
Il est représenté en petite tenue du régiment des chevaliers-gardes.

Û.G.

124 Ernest Karlovitch Lipgart (1847-1932)

PORTRAIT DE PIOTR MIKHAÏLOVITCH RAEVSKY

1913
Huile sur toile
130 × 89 cm, sans cadre
Signé en cyrillique en bas à gauche : *Lipgart*
Musée de l'Ermitage
Inv. ЭРЖ-262
Entré en 1941 ; ancienne collection du Musée ethnographique d'État ; le tableau se trouvait auparavant dans la collection de la famille Raevsky.

Piotr Mikhaïlovitch Raevsky (1883-?) est le fils du major-général Mikhaïl Nikolaïevitch Raevsky (1841-1893) et de Maria Grigorievna Gagarine (1851-1941). Après avoir terminé ses études à l'université de Saint-Pétersbourg, il sert dans le régiment des hussards de la garde impériale. En 1908, il épouse Sofia Pavlovna Fersen (1888-1927), dame d'honneur de l'impératrice Alexandra Fedorovna. En 1913-1914, il devient maître des cérémonies de la cour impériale.
Il est représenté dans la tenue dite « de bal » du régiment des hussards de la garde impériale, avec une décoration étrangère sur sa poitrine. C'est dans cette tenue qu'il devait se présenter aux bals de la Cour, dont il était l'ordonnateur, conformément à ses fonctions.

Û.G.

124

125

126 Nikolaï Nikolaevitch Becker
(1877-1925)

PORTRAIT DU GÉNÉRAL PRINCE FELIX FELIXOVITCH
YOUSSOUPOV L'AÎNÉ, COMTE SOUMAROKOV-ELSTON

1914
Huile sur toile
72 × 57,2 cm, sans cadre
Signé et daté en bas : N. Becker // 1914 // Koreïz
Musée de l'Ermitage
Inv. ЭРЖ-264
Entré en 1941 ; ancienne collection du Musée ethnographique
d'État.

Le prince Felix Felixovitch Youssoupov l'Aîné, comte
Soumarokov-Elston (1856-1928), lieutenant-général, est
nommé, à partir de 1915, adjudant-général. Chef de la
région militaire de Moscou et gouverneur général de la
ville de Moscou, il émigre après les événements de 1917.
Koreïz est le nom de la villa d'été des Youssoupov en
Crimée.

Û.G.

125 Vladimir Alexandrovitch Poïarkov (1869-?)

PORTRAIT DE M. KOULAKOV,
SOLDAT DE LA COMPAGNIE DES GRENADIERS DU PALAIS

1915
Huile sur toile
79,5 × 55,5 cm, sans cadre
Signé et daté en cyrillique en bas à gauche : *Peint par Poïarkov 1915*
Musée de l'Ermitage
Inv. ЭРЖ-775
Entré en 1951 ; ancienne collection du Musée historique
d'artillerie ; le tableau se trouvait auparavant dans la collection
du grand-duc Nikolaï Mikhaïlovitch.

La compagnie des grenadiers du Palais, gardes d'honneur
du palais d'Hiver, a été formée en 1827 de sous-officiers
et de soldats ayant reçu des décorations pour leur participation à la guerre patriotique de 1812 et aux campagnes
contre la France de 1813-1814. L'uniforme spécial de la
compagnie comportait des pattes de parement d'or. Pour
cette raison, elle était appelée à Saint-Pétersbourg la
« compagnie dorée ». Elle fut licenciée en 1921.
M. Koulakov est représenté en grande tenue, la poitrine
ornée de nombreuses décorations dont la croix de Saint-
Georges et les médailles de l'ordre militaire de Saint-
Georges de 2ᵉ, 3ᵉ et 4ᵉ classe. Û.G.

126

Casque d'officier du régiment des chevaliers-gardes
de la garde impériale
Russie, 1855-1914
Cuivre, cuir, velours, soie, émail ; estampage, dorure, argenture
37 × 26,7 × 19 cm
Musée de l'Ermitage
Inv. ЭPT-18786
Entré en 1975 ; ancienne collection de l'Arsenal de l'Ermitage.

Au début du XX Au début du xxᵉ siècle, le régiment des chevaliers-gardes et celui de la Garde à cheval constituent une véritable élite de la cavalerie impériale russe. Les meilleures recrues leur étaient réservées. Seuls les représentants des anciennes illustres familles russes, après avoir terminé les écoles de cavalerie avec mention, pouvaient y devenir officiers. En outre, le service dans ces régiments exigeait de l'officier une fortune personnelle considérable, puisqu'il devait acquérir à ses frais chevaux et équipement.

La grande tenue d'officier comporte : le *kolet* blanc, agrémenté de galons, le casque doré sommé d'un aigle bicéphale (argenté pour les chevaliers-gardes et doré pour des gardes à cheval), les gants de daim à crispins, la culotte (*bridgy*) bleu foncé et les hautes bottes laquées. L'arme réglementaire pour la grande tenue est une latte dans un fourreau d'acier poli.

S.P., A.V.S.

127 UNIFORME D'OFFICIER DU RÉGIMENT DE LA GARDE IMPÉRIALE (*KOLET*, ÉPAULETTES, CUIRASSE, CASQUE)

Tunique (*kolet*) d'officier des chevaliers-gardes
de la garde impériale
Russie, 1900-1910
Drap, toile de coton, soie, fil métallique, galon, cuivre estampé, argenté et doré
Dos 75,5 cm ; tour de taille 92 cm
Musée de l'Ermitage
Inv. ЭPT-12757
Entré en 1951 ; ancienne collection du Musée ethnographique d'État.

Épaulettes d'officier supérieur des chevaliers-gardes
de la garde impériale
Russie, 1880-1890
Drap, fil métallique, broquart, canetille, fil d'or battu, cuivre estampé et argenté
18 × 12,5 cm
Musée de l'Ermitage
Inv. ЭPT-10633 b, c
Entré en 1946 ; ancienne collection du Musée ethnographique d'État.

Cuirasse d'officier du régiment des chevaliers-gardes
de la garde impériale
Russie, 1900-1910
Tombac, cuivre doré, daim, drap, cordon de laine, cuir
Poitrine : 48 × 35,5 × 17,5 cm ; dos : 44 × 35,5 × 15 cm
Musée de l'Ermitage
Inv. ЭPT-18797 a, b
Entré en 1975 ; ancienne collection de l'Arsenal de l'Ermitage.

128 Narkiz Nikolaevitch Bounine
(1856-1912)

SENTINELLE DU RÉGIMENT DES GARDES À CHEVAL

1889
Huile sur toile
35,4 × 25,7 cm, sans cadre
Musée de l'Ermitage
Inv. ЭРЖ-774
Entré en 1951 : ancienne collection du Musée historique
d'artillerie.

Le régiment des chevaliers-gardes et celui des gardes à cheval étaient en service à l'intérieur des résidences impériales lors des séjours de l'empereur. Pendant les gardes au palais d'Hiver, ces régiments devait revêtir des habits de cérémonie spécifiques qui comportaient une veste blanche (*kolet*), une culotte blanche en peau d'élan, des bottes fortes hautes et rigides et une soubreveste écarlate. Afin que les grosses bottes des sentinelles n'abîment pas les précieux parquets du palais, des tapis spéciaux leur étaient distribués, ainsi qu'on peut le voir sur le tableau de Narkiz Nikolaevitch Bounine.   S.P.

129 UNIFORME DE GRANDE TENUE DU TSARÉVITCH
ALEXEÏ NIKOLAEVITCH

Russie, 1912
Tissus et galon d'argent
Musée du régiment des Cosaques de S.M. l'empereur
Confié au musée le 7 juillet 1914. Déposé au musée royal de
l'Armée et d'Histoire militaire, Bruxelles
Inv. 1109245 et 1109246

À sa naissance, le tsarévitch est inscrit sur les listes du
régiment le 30 juillet 1904. En 1912, une tenue complète
d'officier du régiment lui est offerte, à sa taille, bien
entendu. Cette tenue est du modèle 1910, elle est
déposée à la garde temporaire du régiment le 7 juillet
1914. L'attribution d'un habit du nouveau modèle (1914)
prévue pour octobre 1914, avant la fête du régiment, est
remise à après la guerre.

G.G.

130 HABIT DE PARADE DU RÉGIMENT DES COSAQUES
DE L'EMPEREUR ET BROCHETTE DE DÉCORATIONS AYANT
APPARTENU AU GRAND-DUC NIKOLAÏ NIKOLAEVITCH FILS

Russie, 1914
Étoffe et galon d'argent, métal argenté
Musée du régiment des Cosaques de S.M. l'empereur
Offert au musée après la mort du grand-duc (1929) dans les
années 1930.

Le grand-duc est inscrit sur les listes du régiment. En 1914,
il est nommé commandant en chef de l'armée russe, il
ordonne l'avance hâtive de deux armées en Prusse-
Orientale pour soulager le front français. Ce geste se
soldera par le désastre de Tannenberg, mais les troupes
allemandes ramenées de France en Prusse feront défaut
lors du rétablissement sur la Marne.
Habit modèle 1914 avec les broderies spécifiques au
régiment. Les épaulettes au grade de major-général sont
plus anciennes, en 1914 le grand-duc est général de
cavalerie et aide de camp général. La banderole de
giberne ornée du monogramme de l'empereur (ici
Alexandre II) est propre au régiment.

G.G.

131

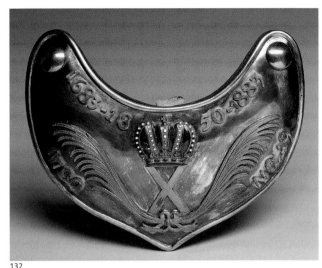

132

Le 16 mars 1910, les officiers des régiments Preobrajensky et Semenovsky ainsi que ceux de la 1ʳᵉ batterie de la 1ʳᵉ brigade d'artillerie de la Garde ont reçu de nouveaux modèles de hausse-cols, dont la forme évoquait ceux du temps de l'empereur Pierre Iᵉʳ. Ce retour à des formes traditionnelles peut s'expliquer par le vif intérêt porté au début du xxᵉ siècle à l'histoire militaire ancienne.

A.V.S.

131 HABIT CROISÉ DE GRANDE TENUE DE LIEUTENANT DU RÉGIMENT PREOBRAJENSKY
Russie
Musée de l'Armée
Inv. 04697
Don du lieutenant-colonel Mestcherinoff (1931)

En 1907, l'infanterie de la garde impériale reprend l'habit croisé à deux rangées de sept boutons dorés, frappés de l'aigle russe. Les officiers du prestigieux régiment Preobrajensky, créé le 23 mai 1683 par Pierre le Grand, portent un habit en drap vert impérial avec plastron rouge à passepoil blanc. Les broderies du col et des parements de manches sont spécifiques à ce régiment de la Garde. Sur le côté gauche sont accrochés l'insigne du régiment (en haut) et l'insigne du corps des pages (en bas).   J.G.

132 HAUSSE-COL D'OFFICIER SUBALTERNE DES RÉGIMENTS PREOBRAJENSKY ET SEMENOVSKY, OU DE LA 1ʳᵉ BATTERIE DE LA 1ʳᵉ BRIGADE D'ARTILLERIE DE LA GARDE IMPÉRIALE
Russie, 1910-1914
Cuivre, métal, émail, ciselure, estampage, argenture
18,5 × 15 cm
Musée de l'Ermitage
Inv. ЭРТ-17041
Entré en 1962 ; ancienne collection du Département d'Orient du musée de l'Ermitage.

133 COLBACK DE SOUS-OFFICIER DU RÉGIMENT DES HUSSARDS DE LA GARDE IMPÉRIALE
Russie, début du xxᵉ siècle
Fourrure, cuir peint, drap, toile, galon métallique, poil filé et teint, laiton estampé, canetille, crin
22 × 22 × 16 cm
Musée de l'Ermitage
Inv. ЭРТ-21066
Entré en 2001 ; acquisition par la Commission d'expertise et d'achat du musée de l'Ermitage.

Le grade de sous-officier est indiqué par la présence du galon d'or et par le gland ornant la flamme du colback, ainsi que par le choix des couleurs de fils tressés à la base du plumet.

A.V.S.

133

134 PELISSE DE HUSSARD DE SA MAJESTÉ L'EMPEREUR

Russie
Musée de l'Armée
Inv. 0806/Hb 70 d
Legs Detaille (1915)

La pelisse des hussards de Sa Majesté l'empereur est en laine blanche bordée de mouton noir. Les brandebourgs et les ornements des manches et des poches sont en laine jaune. Les deux cordons doubles en laine jaune, appelés *mentichket,* servent à porter la pelisse flottante dans le dos.

COLBACK DE HUSSARD DE SA MAJESTÉ L'EMPEREUR

Musée de l'Armée
Inv. 0241/Hb 64 d
Legs Detaille (1915)

Les hussards de Sa Majesté l'empereur, dont l'unité a été créée le 19 février 1775 sous le règne de Catherine II de Russie, portent un colback recouvert de mouton noir avec une flamme rouge bordée d'un galon orange. Celui-ci est orné de l'étoile de Saint-André surmontée de la plaque de distinction *Pour Telich le 12 octobre 1877.* Le plumet en crin blanc est porté en grande tenue.

J.G.

134

134

135 VAREUSE D'ÉTÉ *(KITEL)* DE CAMPAGNE DU RÉGIMENT
DES CHASSEURS DE LA GARDE IMPÉRIALE TAILLÉE POUR
UN ENFANT

Russie, 1910-1917
Drap de laine, soie, galon, canetille, cuivre estampé et doré
Dos 52 cm ; tour de taille 86 cm ; pattes d'épaules 10,7 × 5 cm
Musée de l'Ermitage
Inv. ЭРТ-18202
Entré en 1973 ; ancienne collection du musée et domaine d'État
de Tsarskoe Selo.

Cette vareuse de campagne modèle 1917 appartenait à
l'héritier du trône, le tsarévitch Alexeï Nikolaevitch, inscrit
au régiment du 10 juillet 1904 au 4 mars 1917.

A.V.S.

136 CAFTAN D'OFFICIER AVEC DES PATTES D'ÉPAULES
DU 4ᵉ BATAILLON DES FUSILIERS-VOLTIGEURS
DE LA FAMILLE IMPÉRIALE

Russie, 1910-1917
Drap, soie, galon, fil métallique, canetille, paillettes, cuivre
estampé, doré et argenté
Dos 82 cm; tour de taille 100 cm; pattes d'épaules 15,3 × 6 cm
Musée de l'Ermitage
Inv. ЭРТ-18197 a, b, c
Entré en 1973; ancienne collection du musée et domaine
d'État de Tsarskoe Selo.

137 SHAKO D'OFFICIER SUPÉRIEUR DU RÉGIMENT FINLANDSKY DE LA GARDE IMPÉRIALE

Russie, 1909-1914
Cuir, drap, laiton estampé, doré et argenté, galon métallique, émail, estamet
24,5 × 21 × 19 cm
Musée de l'Ermitage
Inv. ЭРТ-21064
Entré en 2001 ; acquisition par la Commission d'expertise et d'achat du musée de l'Ermitage.

En 1909, lors de la dernière réforme des uniformes de l'armée russe, l'infanterie de la garde impériale a reçu de nouvelles coiffures rappelant la forme des shakos du modèle 1812. De telles réminiscences historiques des victoires de l'armée russe sont liées alors à la nécessité de renforcer l'esprit combatif des armées après les défaites de la guerre russo-japonaise de 1904-1905.

A.V.S.

138 MITRE D'OFFICIER DES GRENADIERS DU RÉGIMENT PAVLOVSKY DE LA GARDE IMPÉRIALE

Russie, 1878-1914
Drap, cuir, velours, galon métallique, cuivre ciselé, doré et argenté, émail
27 × 18 × 19 cm
Musée de l'Ermitage
Inv. ЭРТ-17186
Entré en 1946 ; ancienne collection du Musée ethnographique d'État.

Sur la plaque frontale de la mitre est visible l'un des types de distinction collective les plus répandus : la plaquette en forme de ruban métallique portant une inscription. Celle-ci, octroyée au régiment le 30 septembre 1878 indique : *Pour Gorny Doubniak, le 12 octobre 1877.* Gorny Doubniak désigne une victoire russe lors de la guerre russo-turque de 1877-1878.

A.V.S.

139 CASQUE D'OFFICIER DES CHEVALIERS-GARDES DE SA MAJESTÉ L'IMPÉRATRICE MARIA FEDOROVNA ET DES CUIRASSIERS DE L'EMPEREUR

Russie
Musée de l'Armée
Inv. 38 DEP
Dépôt : Rosen (1955)

En 1875, les chevaliers-gardes de Sa Majesté l'impératrice Maria Fedorovna et les cuirassiers de l'empereur adoptent un casque métallique avec une bombe en cuivre (en tombac à partir de 1878) orné de l'étoile de Saint-André et surmonté d'une grenade enflammée pour la petite tenue. La grenade enflammée et la jugulaire sont en maillechort argenté tandis qu'elles sont en tombac doré pour les gardes à cheval et les cuirassiers de l'impératrice.

J.G.

137

138

139

140 ÉTENDARD D'ANNIVERSAIRE DIT « DE SAINT-
GEORGES » DU RÉGIMENT DES CUIRASSIERS DE LA
GARDE IMPÉRIALE

Russie, 1902
Soie, fil métallique ; couture mécanique
Tablier : 60,5 × 73 cm
Longueur de la traverse : 80 cm
Musée de l'Ermitage
Inv. 3H-3077
Entré en 1950 ; ancienne collection du Musée historique
d'artillerie.

Après la révolution de février 1917, les symboles impériaux
sont massivement effacés. Il est prescrit tout particulièrement de découdre ou de recouvrir de tissu les armoiries
et les chiffres impériaux sur les emblèmes militaires. C'est
pour cette raison que le chiffre de Nicolas II a été
dissimulé au revers de ce drapeau derrière une étoffe de
couleur jaune.

G.V.

141 COUVERTS D'OFFICIERS DU RÉGIMENT
DES COSAQUES DE L'EMPEREUR
Russie, 1840-1908
Argent, porcelaine
Musée du régiment des Cosaques de S.M. l'empereur
Au mess depuis ces dates.

Comme dans tous les régiments de la garde impériale, chaque officier entrant au régiment doit se commander un jeu de couverts selon le modèle régimentaire, qui dans ce cas remonte au règne d'Alexandre Ier.
L'ensemble se compose d'un couteau, d'une fourchette, d'une cuillère, d'un gobelet à vodka et d'une timbale à champagne. Réalisées en argent (normalement par l'orfèvre Khlebnikov), ces pièces comportent chacune le nom, le grade et la date d'entrée au régiment de l'officier. Au gré des promotions le nouveau grade est parfois ajouté sur une des faces des couverts.
Au mess régimentaire, l'officier est servi avec son propre service (le vin était servi dans des verres de cristal ou en verre). Les diverses assiettes sont également propres au régiment, le « logo » très moderne reprend ses initiales « L.G.K.E.V.P. » = régiment des cosaques de la garde de l'empereur. Fabrication des frères Kornilov, parfois de Kouznetsov.

L'ensemble est présenté avec un fac-similé du programme musical (au dos figure le menu) du repas du 24 janvier 1914 au mess des officiers auquel l'empereur et l'impératrice assistaient. L'empereur a signé de sa main « Nicolas ».

1. Ensemble de 3 couverts
Cornette Mitrophane Ivanovitch Grekov. 1862

2. Ensemble de 3 couverts
Khorounji (sous-lieutenant) Alexandre Mitrofanovitch Grekov. 1899

3.
Cuillère : cornette Serguëi Alexandrovitch Platov. 1888
Fourchette : cornette Piotr Petrovitch Orlov. 1863
Couteau : Vassili Ilitch Denisov. 1883

4.
Cuillère : major-général Gueorguy Loguinoviych Ponomarev. 1907
Fourchette : cornette Anatoli Alexandrovitch Senioutkine. 1882
Couteau : cornette Ilia Vassilievitch Denisov. 1840

Timbales
Khorounji Nikolaï Nikolaevitch Krasnov. 1903
Khorounji Constantin Rostislavovitch Pozdeev. 1908
Khorounji Vladimir Vladimirovitch Kononov. 1908
Khorounji Ilia Nikolaevitch Opritz. 1906

Gobelet à vodka
Khorounji Krasnov. 1906
Podestat (capitaine en second) Orlov Ier. 1903
Khorounji Grekov. 1903
Khorounji Farafonov. 1905

3 assiettes et une assiette creuse

Coupe à fruits, milieu de tables
Russie, 1902
Argent, marbre et cristal
Au mess depuis cette époque.
Socle de marbre avec décorations et figurine centrale argent.
Représentation d'un cosaque en tenue de service avec sa
chachka (lame cassée) et le fusil de 3 lignes.
Une plaquette indique la liste des donateurs avec leurs années
d'entrée au régiment en 1900-1902.

G.G.

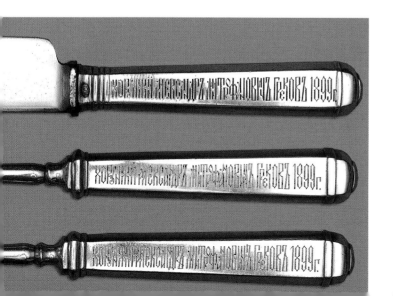

142 COUPE DE FRATERNITÉ POUR LES BANQUETS
(BRATINA) EN FORME DE CASQUE DES
CHEVALIERS-GARDES

Atelier des frères Gratchev
1903
Russie, Saint-Pétersbourg
Argent fondu, gravé, repoussé et doré, émaux
Poinçon d'atelier en cyrillique : *les fr. Gratchev* avec un aigle
bicéphale ; poinçon du bureau municipal de garantie de Saint-
Pétersbourg entre 1899 et 1903 avec les initiales de l'inspecteur
Yakov Liapounov ; poinçon d'argent au titre 84.
Dédicace à l'intérieur du casque : *Au régiment de Sa Majesté
l'impératrice Maria Fedorovna de la part du grand-duc Andreï
Vladimirovitch. 1879. Le 2 mai 1904*

Musée de l'Ermitage
Inv. ЭPO-7732
Entré en 1951 ; ancienne collection du Dépôt d'État des valeurs
à Moscou.

Le grand-duc Andreï Vladimirovitch (1879-1956), fils de
Vladimir Alexandrovitch, frère de l'empereur Alexandre III,
et cousin de Nicolas II, a intégré les effectifs du régiment
des chevaliers-gardes de la garde impériale le jour de sa
naissance. Le casque a été offert au régiment le jour du
25ᵉ anniversaire du grand-duc.

A.A.S.

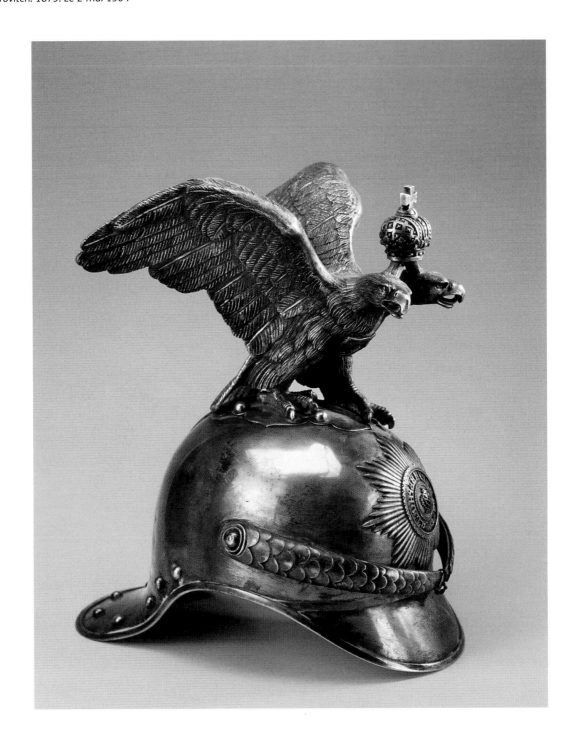

143 *BRATINA* ET COUPE EN FORME DE SHAKO
DU BATAILLON DES SAPEURS DE LA GARDE IMPÉRIALE

Russie, Saint-Pétersbourg
Maison Fabergé, maître Hjalmar Armfeld
1912
Argent fondu, ciselé, gravé et doré, bois
Hauteur : 39,5 cm (avec le plumet) ; 50 cm (avec le support)
Poinçons : Maison Fabergé, Я.A. de maître Hjalmar Armfeld ;
poinçons de garantie de la Ville de Saint-Pétersbourg entre
1908 et 1917 ; poinçons de garantie de l'argent aux titres 84
et 88.
Musée de l'Ermitage
Inv. ЭРО-5002 a, b, c
Ancienne collection de l'entrepôt de l'argenterie du palais
d'Hiver.

Le shako est fondu d'une seule pièce. Sur l'avant se détachent, travaillée au repoussé, l'étoile de l'ordre de Saint-André, les rubans avec l'inscription *Pour les Balkans en 1877*, la cocarde et la jugulaire à écailles. Sur le côté, on remarque le cordon-raquette avec les boutons et ses glands. Le plumet amovible possède un support de bois indépendant et peut ainsi être utilisé comme une coupe à champagne.

Cette *bratina* en forme de shako a été réalisée à l'occasion du centenaire du bataillon des sapeurs de la Garde, constitué en 1812. En 1906, l'empereur Nicolas II est devenu le chef de ce bataillon, qui comptait parmi ses membres l'héritier du trône, le tsarévitch Alexeï, ainsi que les grands-ducs Mikhaïl Alexandrovitch, Boris Vladimirovitch, Nikolaï Nikolaevitch et Piotr Nikolaevitch. A.A.S.

144 TROMPETTES DE RÉCOMPENSE EN ARGENT
DU RÉGIMENT DES COSAQUES DE L'EMPEREUR

Russie, 1826
Argent
Musée du régiment des Cosaques de S.M. l'empereur
Déposé au musée royal de l'Armée et d'Histoire militaire,
Bruxelles
Inv. 109638 à 109640, 109645 à 109654, 109659 à 109662,
109665

Parmi les diverses récompenses collectives que pouvaient
recevoir les régiments russes figurent les trompettes
d'argent attribuées en nombre variable selon le nombre
d'escadrons.

Un ensemble de 22 trompettes furent attribuées le
15 juillet 1813 au régiment pour la campagne de Russie.
L'inscription indique : *Pour s'être distingué contre l'ennemi
pendant la dernière campagne de 1812.* Elles sont effec-
tivement remises par décret impérial le 4 juin 1826.
Il s'agit du seul ensemble de trompettes de récompense
conservé dans son intégralité.

G.G.

145 DRAPEAU DU RÉGIMENT DES GRENADIERS
DE LA GARDE IMPÉRIALE

Russie, 1856
Soie, peinture à l'huile, bois, bronze, fil métallique ;
peinture, dorure
Tablier : 155 × 137 cm ; longueur de la hampe avec pique 351 cm
Musée de l'Ermitage
Inv. 3H-2949
Entré en 1950 ; ancienne collection du Musée historique
d'artillerie.

Глава VIII

SOUVENIRS

L'histoire de la garde impériale s'est terminée depuis presque un siècle. Mais sa mémoire a été soigneusement conservée durant ces années. À la fin de la guerre civile, les soldats et les officiers de l'armée blanche, quittant pour toujours la Russie, qui leur était devenue étrangère, ont emporté leurs drapeaux, leurs uniformes, leurs archives et des objets des musées régimentaires. Les membres de la Garde russe et leurs descendants ont conservé les souvenirs de la Patrie. À Paris, dans ce vieux centre de l'émigration russe, cette mémoire s'est maintenue jusqu'à nos jours. Aujourd'hui, petit à petit, retournent en Russie des vestiges de ce qui donnait un sens à la vie de milliers de Russes. Ces objets constituent des reliques précieuses pour tout citoyen de la Russie et assurent le lien de la nation avec son passé.

146 CRAVATE DE DRAPEAU COMMÉMORATIVE DU
RÉGIMENT PREOBRAJENSKY DE LA GARDE IMPÉRIALE

Russie, 1883
Velours, soie, fil métallique, canetille d'or, paillettes
79 × 58 cm
Au bas du ruban, sont brodés le chiffre de l'empereur
Pierre Ier et la date *1683* et, de l'autre côté, les chiffres de
l'empereur Alexandre III et l'impératrice Maria Fedorovna dans
des couronnes de chêne sous les couronnes impériales.
Cette cravate est octroyée au régiment à l'occasion de ses vingt
ans.
Musée de l'Ermitage
Inv. ЗН-ПР 1068
Entré en 2003. Don de V. A. Logvinenko

147 CRAVATE DE DRAPEAU COMMÉMORATIVE DU
RÉGIMENT PREOBRAJENSKY DE LA GARDE IMPÉRIALE

Russie, 1900-1910
Soie, galon métallique, frange, fil, canetille, paillettes
161 × 22,7 cm
Au bas du ruban sont reproduites des broderies
des uniformes des officiers du régiment.
Musée de l'Ermitage
Inv. ЗН-ПР 1070
Entré en 2003. Don de V. A. Logvinenko

146

147

148 CRAVATE DE DRAPEAU COMMÉMORATIVE
DU RÉGIMENT DES GARDES À CHEVAL DE LA GARDE
IMPÉRIALE

Russie, 1894
Moire, franges de soie, fil métallique, fil de soie ; couture
120,5 × 22 cm ; largeur du nœud 66,9 cm
Inscriptions : sur le pan rouge, *Le régiment des gardes à cheval de
la garde impériale* ; sur le pan vert, *Le 12 juin 1894.*
Musée de l'Ermitage
Inv. ЗН-ПР 1072
Entré en 2003. Don de V. A. Logvinenko

149 CRAVATE DE DRAPEAU COMMÉMORATIVE
DU RÉGIMENT DES CHASSEURS (JÄGERSKY)
DE LA GARDE IMPÉRIALE

Russie, 1886
Soie, estampage, dorure
383 × 17,3 cm
Inscriptions : au bas du ruban, *Souvenir de la part
de Micha, 1886* et *Krasnoe Selo / régiment des chasseurs de
la garde impériale / le 2 août.*
Musée de l'Ermitage
Inv. ЗН-ПР 1071
Entré en 2003. Don de V. A. Logvinenko

Il est probable que ce ruban soit un don du grand-duc
Mikhaïl Nikolaevitch, qui était un des membres du
régiment entre le 6 décembre 1834 et le 5 décembre
1909.

G.V.

148

149

150 CRAVATE DE DRAPEAU COMMÉMORATIVE DE
LA 1ʳᵉ BRIGADE D'ARTILLERIE DE LA GARDE IMPÉRIALE

Russie, 1905
Velours, soie, fil métallique, canetille, cordon de soie
254 × 12 cm
Inscriptions : au bas du ruban, *Le 6 août 1905* et
La 1ʳᵉ brigade d'artillerie et la division de l'artillerie de ligne.
Musée de l'Ermitage
Inv. 3H-ПР 1069
Entré en 2003. Don de V. A. Logvinenko

151 CRAVATE DE DRAPEAU COMMÉMORATIVE
DU RÉGIMENT DES GRENADIERS À CHEVAL
DE LA GARDE IMPÉRIALE

Russie, 1894
Soie ; estampage, dorure
81 × 52 cm ; largeur du ruban 18 cm
Musée de l'Ermitage
Inv. 3H-ПР 1073
Inscriptions : sur le pan vert, *Le régiment des grenadiers à cheval
de la garde impériale* ; sur le pan rouge, *Le 12 juin 1894.*
Entré en 2003. Don de V. A. Logvinenko

150

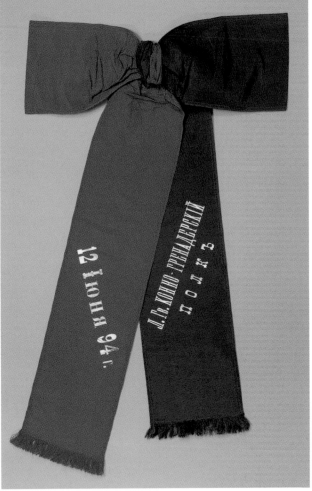

151

152 DRAPEAU DE SAINT-GEORGES DU RÉGIMENT
GRENADERSKY DE LA GARDE IMPÉRIALE

Russie. Drapeau : 1856 ; la mise en boîte : 1950-1960
Soie, fil métallique, canetille, alliage cuivreux, bois ; peinture,
fonte, gravure
Boîte : 42 × 29,5 × 20 cm
Tablier et accessoires : pique avec la croix de l'ordre de Saint-
Georges, sabot, cravate avec un gland et la dragonne dites
« de Saint-Georges » appartenant au drapeau dit
« de Saint-Georges » du régiment des grenadiers de la garde
impériale. L'ensemble est rangé dans une boîte.
Musée de l'Ermitage
Inv. 3H-6377
Anciennement confié au régiment des Grenadier Guards
britanniques. Remis au président de la Russie V. V. Poutine lors
d'une visite officielle au Royaume-Uni en 2003.

CHRONOLOGIE CROISÉE FRANCE-RUSSIE

Anne de Kiev
Reine de France (1051-1060)

Henri Ier
Roi de France (1031-1060)

Pierre Ier le Grand (1683-1725)
Ambassades russes en France pour le libre commerce 1668 et 1681

Louis XIV
Roi de France (1643-1715)

Potemkine rencontre Colbert

Voyage incognito en Europe de Pierre Ier (1697-1698) à la recherche d'alliances contre la Turquie auprès des puissances (Prusse-Hollande-Angleterre et Autriche)

La France est ignorée étant proche de la Sublime Porte

Création de l'armée régulière et de la garde impériale
1699-1700

Guerre de Succession d'Espagne (1701-1713)

Grande guerre du Nord (1700-1721)
La Russie, alliée du Danemark et de la Pologne, se bat contre la Suède de Charles XII
Défaite russe de Narva (1700)
Victoire russe de Poltava (1709)

La France et l'Autriche soutiennent la Suède

Louis XV (1715-1774)

Visite de Pierre Ier en France. 1717
Premier représentant russe en France

Régence du duc d'Orléans (1715-1723)

Traité de Nystad (1721) fin victorieuse de la guerre du Nord

Premier agent diplomatique français en Russie (1721)

Anna Ioannovna (1730-1740)
Guerre de Succession de Pologne 1733-1735
Anna Ioannovna et l'Autriche soutiennent Auguste III
Pour la 1re fois les Russes affrontent quelques troupes françaises à Dantzig (1734)

Guerre de Succession de Pologne 1733-1735
Louis XV soutient Stanislas Leszczynski (son beau-père)

Élisabeth Petrovna (1741-1761)

Guerre de Sept Ans (1756-1763)
Renversement des alliances
France et Autriche, rejointes par la Russie contre Prusse et Grande-Bretagne
Les Russes envahissent la Prusse, victoires de Zorndorf (1758), victoire de Kunersdorf (1759), prise de Berlin (1760)
La mort de l'impératrice en janvier 1762 sauve Frédéric II

La France se bat au Canada et en Hanovre

Pierre III (1762)
Il signe la paix (mai 1762) et s'allie avec Frédéric II
(juin 1762)
Il est renversé par la Garde en juillet, son épouse
monte sur le trône

Catherine II (1762-1796)

1re guerre de Pologne 1768-1772
La Russie soutient Stanislas Poniatowski contre
les confédérés et de fait occupe le pays
Souvorov prend le commandement
(septembre 1769)
Victoire des Russes, premier partage de la Pologne

La France soutient les Polonais, Choiseul envoie
Dumouriez et des volontaires aux côtés des
confédérés en 1771, puis Viomesnil

Louis XVI (1774-1792)

Révolution française 1789

Catherine II est dès le début une adversaire de la
Révolution. Elle ne se décide qu'en 1796 à se joindre
à la coalition antifrançaise mais meurt le
17 novembre 1796

Le Directoire (1795-1799)

Paul Ier (1796-1801)
La Russie rejoint la coalition de l'Angleterre
et l'Autriche contre la France par idéologie

Bonaparte en Égypte (mai 1798-août 1799)

Campagne d'Italie 1799
Souvorov commandant en chef.

Victoires de Novi et la Trebbia contre les généraux
MacDonald et Joubert

Flotte russe en Méditerranée

Campagne de Suisse 1799
Souvorov trahi par les Autrichiens réussit une retraite
mémorable à travers les Alpes

Victoire de Masséna sur Rimsky-Korsakov à Zurich
(25 septembre 1799)

Expédition russo-anglaise en Hollande 1799-1800
Succession de revers, l'attitude anglaise détermine
Paul Ier à rompre et à se rapprocher de Bonaparte.
Une des causes de son assassinat le 23 mars 1801

Consulat. Bonaparte Premier consul
(9 novembre 1799)

Alexandre Ier (1801-1825)

1805, formation de la 3e coalition antifrançaise,
Angleterre, Autriche, Russie

Napoléon Ier (1804)

Bataille d'Austerlitz (2 décembre 1805)
Défaite terrible pour le jeune empereur

Victoire décisive

Campagne de 1806-1807. Pologne
Les Russes soutiennent les restes de l'armée
prussienne
Bataille d'Eylau indécise
Bataille de Friedland grave défaite

Éclatante victoire

Rencontre de Tilsitt (25 juin)
Signature de la paix (7 juillet 1807)

Campagne de 1809 contre l'Autriche Conformément aux engagements, les Russes envoient quelques troupes

Campagne de 1812

Recul des armées russes

Entrée de la Grande Armée en Russie 23 juin

Prise de Smolensk août

Bataille de La Moskova 12 septembre

Reformation de l'armée au camp de Taroutino

Occupation de Moscou, 14 septembre-23 octobre

Début de la poursuite 23 octobre

Début de la retraite. 18 octobre

Bataille de Maloyaroslavets 24 octobre

L'empereur doit reprendre la route de Viazma-Smolensk prise à l'aller

La Bérézina 26-29 novembre

Campagne de 1813
Kulm, la Katzbach, victoires sur les lieutenants de l'empereur

Dresde, Lützen, Bautzen
Victoires non décisives

Leipzig, bataille des Nations 16-19 octobre

Défaite qui scelle l'abandon de l'Allemagne par Napoléon

Campagne de 1814
Alternance de victoires et défaites

Invasion de la France
Abdication de Napoléon Ier. 6 avril

Prise de Paris. 30 mars

Traité de Fontainebleau 11 avril

1815

Retour en France des troupes russes (après les combats)

Occupation de la France par les Alliés 1815-1818
Corps russe de Vorontsov en France

1815. Les Cent Jours
Seconde abdication. 22 juin

Nicolas Ier (1825-1855)

Napoléon III (1852-1870)
Victoires
Alma 20 septembre 1854
Inkermann 5 novembre 1854
Prise de Sébastopol 8 septembre 1855

Guerre d'Orient 1853-1855
Campagne de Crimée, siège de Sébastopol

Opérations en Baltique

Alexandre II (1855-1881)

Traité de Paris 30 mars 1856

Répression de la révolte polonaise 1863
Visite d'Alexandre II à Napoléon III juin 1867

Neutralité de la Russie lors de la guerre franco-prussienne 1870-1871

Attentat d'un Polonais contre Alexandre II au bois de Boulogne, l'attitude française favorable à la Pologne refroidit les bonnes relations existantes

Alexandre III (1881-1894)
Rapprochement franco-russe. Visites croisées des flottes. Cronstadt-Toulon 1891-1893

Signature de la convention militaire franco-russe juillet 1892

IIIe République
Sadi Carnot
Président de la République (1887-1894)

Nicolas II (1894-1917)

Poursuite du rapprochement franco-russe
Alliance franco-russe 1894

Visite de **Nicolas II** en France 1896

Visite de **Félix Faure** en Russie 1897

Campagne de Chine 1900 (guerre des Boxers)

Visite de **Nicolas II** en France 1901

Visite d'**Émile Loubet** en Russie 1902

Guerre russo-Japonaise 1904-1905

La Triple Entente août 1907
Alliance entre la France, l'Angleterre et la Russie

Première Guerre mondiale
Août 1914. Entrée en guerre de la France et de la Russie

Avancée en Prusse-Orientale pour soulager le front français
Défaites de Tannenberg (30 août) et des lacs Mazures (septembre)

Visite de **Raymond Poincaré** en Russie. Juillet 1914
Victoire de la Marne (6-12 septembre)

1916. *Envoi d'un corps expéditionnaire en France et en Macédoine*

Fin 1916. Envoi de 2 escadrilles en Russie
Poursuite de la lutte en France par la **Légion russe d'honneur** jusqu'à la victoire

Révolution de Février 1917

Révolution d'Octobre 1917

Traité de Brest-Litovsk (3 mars 1918)
Retrait de la guerre de la Russie

Guerre civile (1918-1921)

Intervention des Alliés (Français, Anglais, Américains, Japonais, Italiens) aux côtés des « Blancs »

ORIENTATIONS BIBLIOGRAPHIQUES

Les indications ci-dessous n'ont d'autre prétention
que de suggérer quelques pistes
d'approfondissement constituées d'ouvrages
les plus récents possible, en langue française
ou anglaise. Pour des recherches plus exhaustives,
le lecteur curieux pourra se reporter à la
bibliographie contenue aux ouvrages cités.

COLLOQUE

France-Russie : trois cents ans de relations privilégiées,
Paris, musée de l'Armée : 7-9 octobre 2009.

EXPOSITIONS

« Art at the Russian Court : Palace and Protocol
in the 19th Century »,
Amsterdam, musée de l'Ermitage :
20 juin 2009 – 31 janvier 2010.

« Paris – Saint-Pétersbourg, 1800-1830 :
quand la Russie parlait français »,
Paris, musée de l'Armée : 21 mai – 31 août 2003.

« For the Faith and Loyalty : 300 Years
of the Russian Imperial Guard »,
Saint-Pétersbourg, musée de l'Ermitage :
13 décembre 2000 – 1er avril 2001.

« Les Russes à Paris au XIXe siècle »,
Paris, musée Carnavalet : 2 avril – 30 juin 1996.

« Crimée 1854-1856 : premiers reportages de guerre »,
Paris, musée de l'Armée :
24 octobre 1994 – 8 janvier 1995.

« Les Tsars et la République, centenaire d'une
alliance »,
Paris, musée de l'Armée :
30 septembre – 11 novembre 1993.

« Splendeurs de Russie »,
Paris, musée du Petit Palais :
7 avril – 18 juillet 1993.

MONOGRAPHIES ET ARTICLES

Histoire politique

CARRÈRE D'ENCAUSSE Hélène, *Alexandre II : le printemps
de la Russie*, Paris : Le Grand Livre du mois, 2008,
522 p.

CARRÈRE D'ENCAUSSE Hélène, *Catherine II*,
Paris : Bayard, 2005.

CARRÈRE D'ENCAUSSE Hélène, *Nicolas II, la transition
interrompue : une biographie politique*,
Paris : France-Loisirs, 1997.

MEDVEKOVA Olga, BERELOWITCH Wladimir, *Histoire
de Saint-Pétersbourg*, Paris : Fayard, 1996, 48 p.

PALÉOLOGUE Maurice, MIETTON Nicolas (éd.),
Le Crépuscule des Tsars, journal 1914-1917,
Paris : Mercure de France, 2007, 452 p.

PERRAUD Françoise, *Les Romanov*, Saint-Cyr-sur-Loire :
Alan Sutton, 2008, 159 p.

REY Marie-Pierre, *Alexandre Ier*, Paris : Flammarion,
2009, 592 p.

Histoire militaire

[Ouvrage collectif], *The Russian Imperial Guards*,
Saint-Pétersbourg : Slavia, 2005, 472 p.

ANDOLENKO Sergueï, *Histoire de l'armée russe*,
Paris : Flammarion, 1967, 477 p.

AVENEL Jean-David, *Les Interventions alliées pendant
la guerre civile russe, 1918-1920*, Paris : Economica,
2001, VII-224 p. (Campagnes et stratégies, 36).

CHAPPUIS Jean-Pierre, *Croisade en Crimée : la guerre
qui arrêta les Russes, 1854-1855*, Paris : Société de
production littéraire, 1973, 261 p.

CROCHET Bernard, PIOUFFRE Gérard, *La Guerre russo-
japonaise*, Antony : ETAI, 2010, 189 p.

DETAILLE Jean-Baptiste-Édouard, *L'Armée russe aux
grandes manœuvres : souvenirs du camp de Krasnoe
Selo. Études et croquis rapportés du camp impérial
de Krasnoe Selo*, Paris : Boussod-Valadon, 1894.

ENGLUND Peter, HARDER Erik (trad.), *Poltava, chronique d'un désastre,* Lausanne : Esprit Ouvert, 1999, 319 p.

GMELINE Patrick de, GOROKHOFF Gérard, *La Garde impériale russe, 1896-1914,* Paris : Lavauzelle, 1986, 387 p.

GOROKHOFF Gérard, DEROO Éric, *Héros et Mutins : les soldats russes sur le front français, 1916-1918,* Paris : Gallimard, 2010, 139 p.

GOROKHOFF Gérard, KORLIAKOV Andreï, *Le Corps expéditionnaire russe en France et à Salonique, 1916-1918,* Paris : YMCA Press, 2003, 653 p.

GREY Marina, BOURDIER Jean, *Les Armées blanches,* Paris : Stock, 1968, 287 p.

GOUTTMAN Alain, *La Guerre de Crimée 1853-1856 : la première guerre moderne,* Paris : Perrin, 2006, 438 p. (nouvelle édition revue et augmentée, 1re édition Paris : SPM, 1995).

HOURTOULLE François-Guy, JOUINEAU André (ill.), MONGIN Jean-Marie, GANDILHON Denis, *Eylau-Friedland : la campagne de 1807,* Paris : Histoire et Collections, 2007, 120 p.

HOURTOULLE François-Guy, JOUINEAU André (ill.), MONGIN Jean-Marie, *Austerlitz : le Soleil de l'Aigle,* Paris : Histoire et Collections, 2003, 128 p.

HOURTOULLE François-Guy, JOUINEAU André (ill.), GILLARD Morgan, *Borodino, la Moskowa : la bataille des redoutes,* Paris : Histoire et Collections, 2000, 120 p.

MARCO DE SAINT-HILAIRE Émile, PIGEARD Alain, UNHEY Alain (éd.), *Napoléon en Russie,* Piars : Le Livre chez vous, 2003, 599 p.

PAUL Michael C., « The Military Revolution in Russia 1550-1682 », *in The Journal of Military History,* vol. 68, no 1, janvier 2004, p. 9-45.

PIOUFFRE Bernard, *La Guerre russo-japonaise sur mer 1904-1905,* Nantes : Marines, 1999, 320 p.

ROBINSON Paul, *The White Russian Army in Exile, 1920-1941,* Oxford : Clarendon / Oxford University Press, 2002, 257 p.

TRANIÉ Jean, CARMIGIANI, Juan Carlos (ill.), *1812, la campagne de Russie,* Paris : Pygmalion, 1997, 282 p. (nouvelle édition revue et corrigée, 1re édition Paris : Lavauzelle, 1981).

ZWEGUINTZOW Wladimir, *L'Armée russe,* Paris : s. n., 1969.

ZWEGUINTZOW Wladimir, *Drapeaux et étendards de l'armée russe…,* 2 vol., Paris : l'auteur, 1963-1964.

ZWEGUINTZOW Wladimir, *Uniformes de l'armée russe en 1914. Description complète des uniformes et des différentes pièces d'habillement,* Paris : s. n., 1959, 142 p.

La Russie en émigration

GORBOFF Marina, *La Russie fantôme : l'émigration russe, 1920-1940,* Lausanne : L'Âge d'Homme, 1995, 281 p.

JEVAKHOFF Alexandre, *Les Russes blancs,* Paris : Tallandier, 2007, 605 p.

KLEIN-GOUSSEFF Catherine, *L'Exil russe : la fabrique du réfugié apatride, 1920-1939,* Paris : CNRS, 2008, 335 p.

KORLIAKOV Andreï, *L'Émigration russe en photos,* Paris : YMCA Press, 2001.

MENELGADO Hélène, *Les Russes à Paris, 1919-1939,* Paris : Autrement, 1998, 187 p.

STRUVE Nikita, *Soixante-dix ans d'émigration russe,* Paris : Fayard, 1996, 297 p.

Collections russes au musée de l'Armée

ANDOLENKO Sergeï (GBR), « Les collections russes au musée de l'Armée », *in RSAMA,* no 75, 1971, p. 60-65, à la p. 61.

WILLING Paul (LCL), « Les salles des armées étrangères au musée de l'Armée », *in RSAMA,* no 98, 1989 / II, p. 72-79, aux p. 72-73.

INDEX

Personnes physiques et morales, institutions

Lieux et événements historiques

Armes, corps et unités militaires

CRÉDITS PHOTOGRAPHIQUES

Tous les clichés reproduits au présent catalogue sont à
porter au crédit des photographes du musée de l'Ermitage :
    Alexandre Kochkarov
    Ûrii Molodkovets
    Vladimir Terebenine
    Leonard Kheifets
À l'exception des clichés suivants :
Musée royal de l'Armée et d'Histoire militaire de Bruxelles :
    cat. 72, 129, 144
Musée du régiment des Cosaques de S.M. l'empereur :
    p. 46, 49, 50, 52
Jean-Louis Viau : cat. 24, 130, 141
Musée de l'Armée : p. 10, 20, 61
Émilie Cambier : p. 161 (cat. 101), p. 194 (cat. 131), p. 195
    (cat. 134)
Tony Querrec : p. 198 (cat. 139) Pascal Segrette : p. 15
ECPA-D : p. 54, 59

La photogravure a été réalisée par Quat'Coul Toulouse
Achevé d'imprimer sur les presses de Re.Bus (Italie)
en septembre 2010